一重・奥二重さんの
魔法のメイク
BOOK
新見千晶

sanctuary books

女の子はだれだって
ぱっちり目になれる

わたしたちのあこがれって、
やっぱり存在感のある大きな目。
ぱっちりしていて、"かわいらしく愛らしく"見られたい！
でもみんなから届くのは、
「一重・奥二重だから大きくならない！」
「はれぼったくてイヤになる」
「雑誌のとおりにやっても、
うまくいかない」……といった声。

それもそのはず、メイクって目の形によって
やり方が違うんです。
もしかして、二重さんと同じメイクをしていませんか？

もしそうなら、この魔法のメイクBOOKは
あなたにぴったりのはずです。
本書は一重・奥二重さんのためだけに、
メイクの魔法をたくさん詰め込みました。
悩みやコンプレックスを解消し、
今よりもっとステキな
あなたに出会えるはずです。

女の子がキレイになれる
メイクの魔法がいっぱい

スウィート、ピュア、
ドーリー、ナチュラル・・・
こんなキュートな表情
わたしにもあったんだ

だいすき！
ポジティブなわたし
こんなきもちは
メイクの魔法のせい？

Contents

- 一重・奥二重のタイプ分け ……………… 8
- 本書の使い方 ……………………………… 9
- 一重・奥二重さんにぴったりのアイテム …… 10

chapter 1
一重・奥二重の基本のメイク ……………… 12

- 一重の基本 ………………………………… 14
- 奥二重の基本 ……………………………… 18
- デカ目に見せる眉の描き方 ……………… 22
- 一重愛されフェイスのRULE ……………… 24
- 一重さんのつけまつ毛テク ……………… 26
- 奥二重愛されフェイスのRULE …………… 30
- 奥二重さんのつけまつ毛テク …………… 32
  - つけまつ毛グッズ ……………………… 36
  - ブラシツール …………………………… 37

chapter 2
お悩み解決の鍵 …………………………… 38

- まぶたが重く、はれぼったい ……………… 40
- 目ヂカラがなく地味顔 …………………… 52
- とにかく目が小さい ……………………… 62

chapter 3
かわいい私を120%楽しむ色カタログ …… 72
- ピンク …… 74
- オレンジ …… 76
- ブルー＆グレー …… 78
- パープル …… 80
- グリーン＆カーキ …… 82

◦ 番外編①
その他のメイクの基本 …… 85
- リキッドファンデーション …… 86
- パウダリーファンデーション …… 88
- ハイライト …… 90
- シェーディング …… 91
- チーク …… 92
- リップ …… 94

◦ 番外編②
メイクの時間割 …… 95
- 朝の魔法の10min …… 96
- お昼の魔法の3min …… 100
- アフター5の魔法の+α（アルファ） …… 102
- 美肌を作る魔法のケア（クレンジングとスキンケア） …… 104

終わりに …… 106
問い合わせリスト …… 108

一重・奥二重のタイプ分け

一重さんと奥二重さんはイメージは似ていても、実はメイク方法に違いがあります。
本書を読む前に、あなたがどちらのタイプなのか確認しましょう。

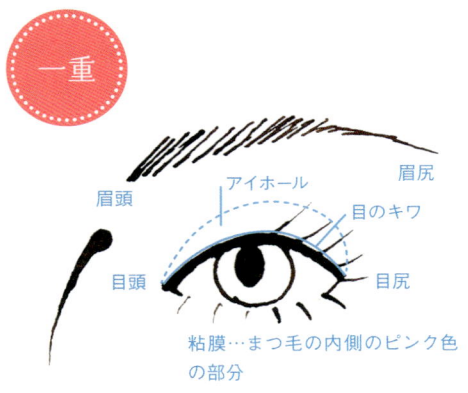

まぶたに線ができない純粋な一重さん。

まつ毛の生え際ぎりぎりに線はあるけど、
目を開けると全く見えなくなる一重さん。
※奥二重ともいえますが、メイクの世界では一重さん

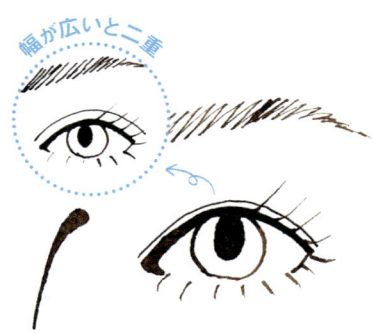

目を開けたとき目頭側の線は見えないけど、
目尻側は線がしっかり見える奥二重さん。

二重の線の幅が狭く、目を開けるとほとんど線が見えない奥二重さん。

本書の使い方

上手くできないときは、ここを参考にしてね。

一重・奥二重に使いやすいアイテムを紹介しています。

ポーチの中から似た色、似たアイテムを探してみて。

※掲載している商品情報は、2014年4月現在のものです。
※商品の価格表示は税抜です。

一重・奥二重さんにぴったりのアイテム

ビューラー・アイライナー・マスカラ、この3つがアイメイクの決め手を左右する大切なアイテム。道具選びは意外に見落としがちだけど、目の形にぴったり合ったアイテムを選ぶことが、メイク上達の第1歩。まずはこの基本の3アイテムを揃えて"自分史上最強カワイイ"を手に入れましょう。

1 ビューラー

目にあてる部分がしっかりカーブしているものを選んで

ビューラーをまつ毛の根元にあて、根元からしっかりまつ毛を上げると、まぶたの重みに負けない強いカールができあがります。そのためビューラーは目にしっかりフィットするカーブのあるものが◎。

基本のメイクで使用

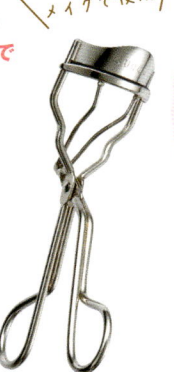

アイラッシュ カーラー ¥2,000／SUQQU

ダメ押しアイテム ホットビューラー

まつ毛メイクの仕上げに！ 熱の力でカールを固定し長持ちさせます。

まつげくるん(セパレートコーム)／パナソニック

2 アイライナー

用途に合わせてタイプを選んで

アイラインは、一重さんなら目を開けたときに見えるくらいの太いライン、奥二重さんならまぶたのキワに細いラインが基本。太いラインは、ブラックで引くと不自然になるのでダークブラウンが◎。またペンシルタイプなら芯がやわらかく、簡単にラインが引けます。細いラインを引くには、極細のリキッドタイプがオススメ。アイラインが落ちやすい人はウォータープルーフタイプを選びましょう。

奥二重の基本で使用

ヴィセ リシェ リキッドアイライナー BK001 ¥1,000／コーセー

一重の基本で使用

ドローイング ペンシル M ダークブラウン83 ¥2,400／シュウ ウエムラ ※2014年6月19日より発売予定

3 マスカラ

・フィルムタイプ・

ボリュームコーム マスカラ ¥480／セザンヌ

一重の基本で使用

コフレドール グラマラスビューティマスカラ BK-40 ¥2,500（編集部調べ）／カネボウ化粧品

奥二重の基本で使用

フィルムタイプ＋ウォータープルーフタイプのW使い

フィルムタイプとは、お湯ですぐに落ちるタイプのこと。まぶたについたマスカラも綿棒で軽くこすればすぐに落とすことができます。最初にフィルムタイプで、失敗を気にせずガシガシ塗ってボリュームと長さを出したあと、ウォータープルーフタイプでコーティングすれば、強力なまつ毛のできあがり。

・ウォータープルーフタイプ・

奥二重の基本で使用

マキアージュ フルビジョンマスカラ（ボリュームインパクト）¥2,800（編集部調べ）／資生堂

一重の基本で使用

スペクタキュラー エクストラ カール WP 01 ¥4,200／ヘレナ ルビンスタイン

chapter 1

一重&奥二重の基本のメイク

一重・奥二重さんの小さめな目を
黒目がちなぱっちり丸目&デカ目にするための
基本のテクニックを紹介します。
メイクで大切なのは、ちょっとずつちょっとずつ足すことです。
"一重・奥二重さんのためのぱっちりワザ"を積み重ねて、
デカ目を作っていきましょう。

一重 ♥

一重メイク

目を開けたとき、まぶたでメイクが隠れてしまう一重さんは、太いアイラインとマスカラたっぷりのまつ毛で目ヂカラを強調しましょう。
また目の縦幅が狭く小さめな目は、下まぶたのメイクで目の幅を広げ大きく見せます。

奥二重 ♥

奥二重メイク

奥二重さんは、目尻のアイラインがはっきり見えるので、太く引いてしまうと返ってやり過ぎ感が……。なのでアイラインは目のキワに細く引きましょう。
マスカラも根元からしっかりつけて、アイラインとのW効果で目のフレームを強化。
目尻をほんの少し強調させたメイクが似合います。

カワイイ！
ばっちり目を作る魔法のルール
一重の基本

Before 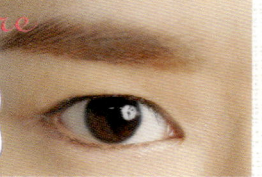  *After*

上下の幅が狭く、少し寂しげな印象…

黒目がちなぱっちり丸目に変身！

1 コンシーラーでまぶたのくすみをオフ

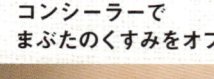

Point

ポンポンとまぶた全体にのせ、指で軽くなじませます。くすみがちな目尻の切れ込みも忘れずにカバーして。

アイクリアコンシーラー 01 ¥2,800／リサージ

2 薄いブルーの下地でまぶたすっきり

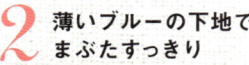

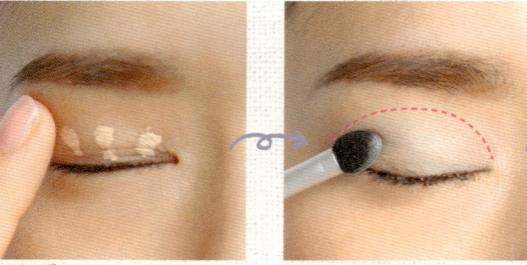

マットな薄いブルーのコントロールカラーをアイホール全体にオン。つけたら指でなじませて。

ニュアンスカラーズ 411 ¥3,000／ワトゥサ・インターナショナル

3 ビューラーをドライヤーで温める

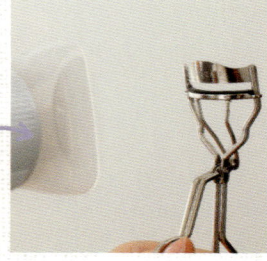

温風を数十秒あて、ゴム部分を温めます。まつ毛にあてる前に一度手で温度を確かめてから使用して。

一重メイクのヒント
アイラインで目ヂカラを強調

アイラインは、目を開けたときに見える幅まで太く引きます。目を閉じたとき、不自然にならないように色はブラウンを選んで。上からアイシャドウを重ね、ラインをぼかしましょう。

オススメ ブラウン系アイシャドウ

キス ロマンスハートアイズ 01 ¥1,200／P.N.Y. DIVISION

キャンメイク フォーシャイニーアイズ 03 ¥680／井田ラボラトリーズ

インジーニアス パウダーアイズ N 05 ¥2,200／RMK Division

---

4 まつ毛の根元を挟み、直角カールを作る

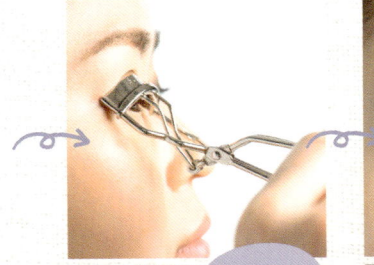

まぶたを軽く引き上げながら行うとスムーズ

ビューラーをスライドさせず、まつ毛を挟んだらいっきにカールさせます。まつ毛が直角になるくらいがベスト。

5 ブラウンのペンシルで太いラインを引く

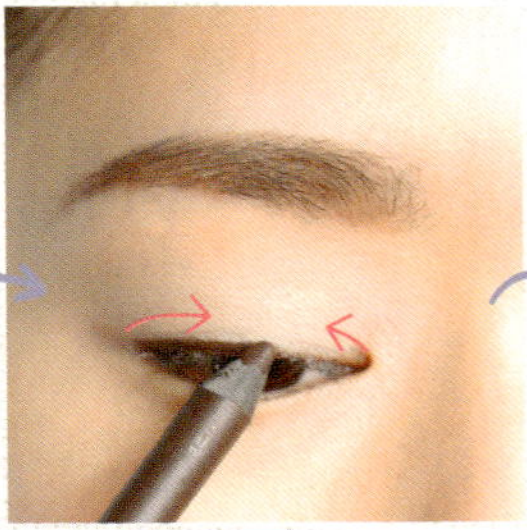

Point

目尻から中央、目頭から中央と分けて引き、中央でつなげます。さらに、黒目の上にだけやや丸くラインを重ねて丸目に。

6 アイシャドウは三日月型に塗る

ブラウンのアイシャドウをチップにとり、ワイパー風に動かしながら上へ移動させ丸く塗ります。

プレスド アイシャドー（レフィル）P 861 ¥1,800／シュウ ウエムラ ※ケース別売

一重メイクのヒント
下まぶたのメイクでデカ目を作る

下まぶたの目尻から黒目までの部分にアイシャドウを塗り目に奥行きを出します。先の細いチップを使い、少し丸めに。目の幅が広がり大きく見えます。

大きくなった！

7 下まぶた目尻側1/3にブラウンをオン

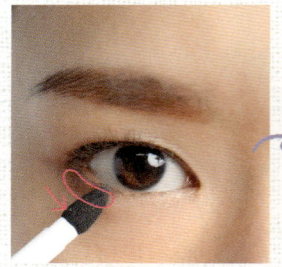

目尻から黒目に向かって丸くなるように塗ります。目立ち過ぎると不自然になるので、アイシャドウの量を調整し薄めに。

8 目頭部分にハイライトカラーをオン

目頭から黒目に向かって明るいベージュをつけ、指でなじませるように。7のアイシャドウとつなげるように。
プレスド アイシャドー（レフィル）G 821
¥1,800／シュウ ウエムラ ※ケース別売

9 フィルムタイプでボリュームを出す

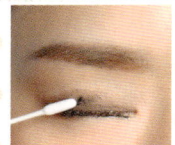

マスカラは左右に動かしながら、根元から毛先に向かってつけます。まぶたについてしまったときは、綿棒でさっと拭き取って。

一重メイクのヒント

ドライヤーでまつ毛のカールをキープ

マスカラを塗ったあと、温風（低温・弱風）を5秒、まつ毛の下からあてます。マスカラもすぐ乾きカールも長持ち♪

オススメ ハイライト

インジーニアス
パウダーアイズN
15　¥2,200／
RMK Division

アイカラーa
GD2　¥800／
エテュセ

10 ウォータープルーフタイプを重ねる

ウォータープルーフタイプのマスカラでまつ毛をコーティング。下まつ毛はブラシを縦にして塗ります。

11 ホットビューラーでまつ毛の根元をUP

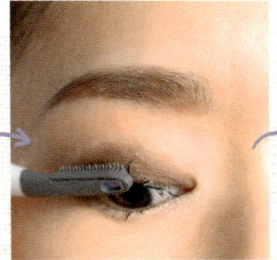

まつ毛の根元にあてたら、軽く持ち上げ上向きまつ毛に。下まつ毛は軽く押し下げ、目のフレームを強調。

12 ハイライトカラーで立体感をプラス

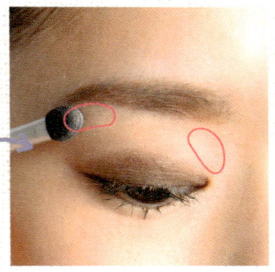

眉下と目頭のアイホールのくぼみに明るいベージュをつけます。キュートな丸目の完成！

カワイイ！
ぱっちり目を作る魔法のルール

奥二重の基本

Before

切れ長でクール、でも少しきつい印象…

After

奥行きのあるぱっちり目に変身！

1 コンシーラーでまぶたのくすみをオフ

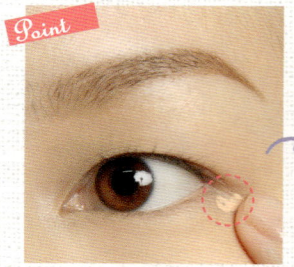

Point

上まぶたとくすみがちな目尻の切れ込み部分にポンポンとのせたら、指で軽くなじませます。
アイクリアコンシーラー 01 ¥2,800／リサージ

2 薄いブルーの下地でまぶたすっきり

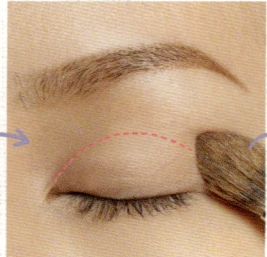

マットな薄いブルーのコントロールカラーをアイホール全体にオン。つけたら指でなじませて。
ニュアンスカラーズ 411 ¥3,000／ワトゥサ・インターナショナル

3 ビューラーをドライヤーで温める

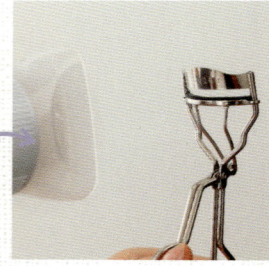

温風を数十秒あて、ゴム部分を温めます。まつ毛にあてる前に一度手で温度を確かめてから使用して。

奥二重メイクのヒント

ハイライトで印象をやわらかく

きつく見られがちな奥二重さんは、ラメ入りの明るいベージュでハイライトを入れると◎。ゴールドの細かいラメが、目元に優しい光と自然な立体感を作ります。

オススメ ブラウン系アイシャドウ

フォトレディ プライマー プラス シャドウ 501 ¥1,500／レブロン

スモーキーアイズ 03 ¥2,000／ブルジョワ

キャンメイク フォーシャイニーアイズ 03 ¥680／井田ラボラトリーズ

---

4 まつ毛は根元からしっかりカール

ビューラーをまつ毛の根元にあて、しっかり挟みカールさせます。まぶたを挟みやすい人は、空いている手でまぶたを軽く持ち上げて行うと◎。

5 明るいベージュのアイシャドウをオン

アイシャドウをチップにとり、アイホール全体に塗ります。
プレスド アイシャドー（レフィル）G 821 ¥1,800／シュウ ウエムラ ※ケース別売

6 薄いブラウンのアイシャドウをオン

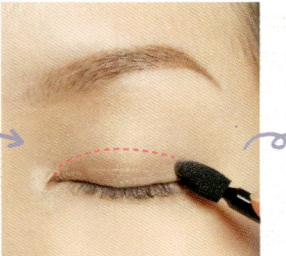

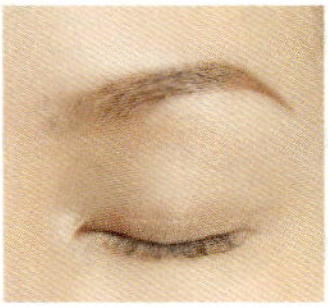

先の細いチップを使い、目のキワ5mmくらいの幅に塗ります。
アイシャドウ ドルチェヴィータ ¥2,000／アディクション

奥二重メイクのヒント

アイラインでぱっちり目を作る

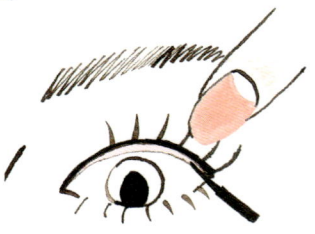

細いラインを引いたあと、まぶたを持ち上げて、まつ毛のすき間とピンクの粘膜部分を塗りつぶします。目のフレームがしっかりし、ぱっちりとした大きな目になります。

ぱっちりくっきり！

7 目頭から目尻へ細いラインを入れる

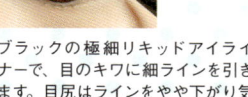

ブラックの極細リキッドアイライナーで、目のキワに細いラインを引きます。目尻はラインをやや下がり気味に2mmのばし、優しいたれ目に。

8 まつ毛のすき間と粘膜部分を埋める

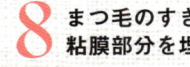
Point

奥二重さんは目を開けたときにまつ毛の生え際が見えるので、まつ毛のすき間とピンクの粘膜部分をアイライナーで塗りつぶします。

9 下まぶた目尻側に薄いブラウンをオン

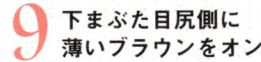
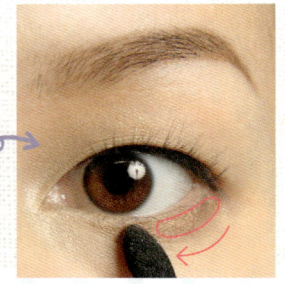
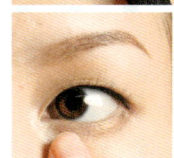

目尻側1/3に薄いブラウンのアイシャドウを塗ります。目頭には明るいベージュをつけ、指でなじませます。

奥二重メイクのヒント

マスカラでぱっちり目を強化

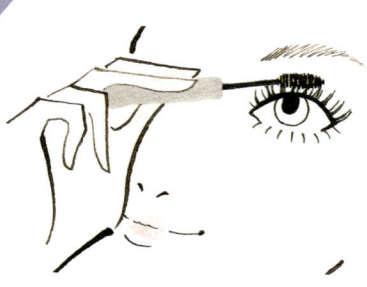

根元にしっかりマスカラがついていると、アイラインとのW効果でぱっちり目に。あごを少し上げると根元部分がよく見えるので、つけやすい。

コイルタイプのマスカラもオススメ

ブラシではなく硬い素材でできていて、螺旋状になっているコイルタイプは、細いので根本までしっかりとどきます。

10 フィルムタイプでボリュームを出す

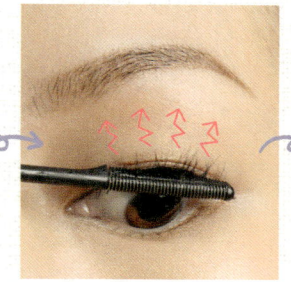

根元から毛先に向かって、マスカラを左右に動かしながらつけます。目尻を重ねづけし、強調させて。まぶたについてしまったら綿棒でオフ。

11 ウォータープルーフタイプを重ねる

ウォータープルーフタイプのマスカラでまつ毛をコーティング。下まつ毛はブラシを縦にして塗ります。

12 ハイライトカラーで立体感をプラス

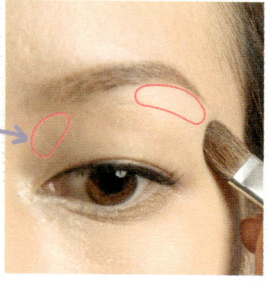

眉下と目頭のアイホールのくぼみに明るいベージュをつけます。やさしげなぱっちり目完成！

一重・奥二重さんの
デカ目に見せる眉の描き方

眉頭ダウンテクニック

一重・奥二重さんは、目と眉の間隔が広く、
のっぺりとした印象になりがちです。
そこで、眉下にほんの少し眉を描き足して、
眉全体を下げましょう。これだけで顔がグッと引き締まります。
目元のホリを深く見せることで目が強調され大きく見えます。

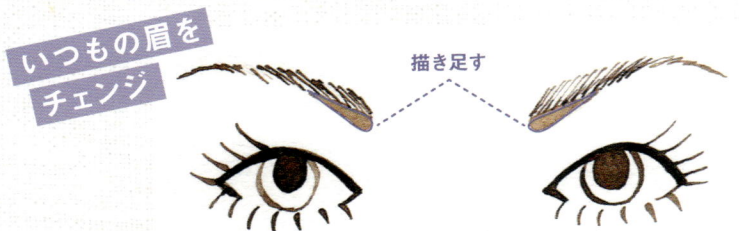

いつもの眉をチェンジ　　描き足す

Before　少しのっぺりした印象から…

目元のホリが深くなった！　*After*

1 綿棒で眉の上部分を消す

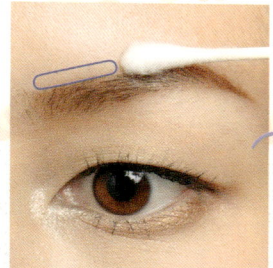

眉上側の眉頭から黒目の上あたりまでを、綿棒でなでるように1mmくらい消します。

2 眉頭の下部分を描き足す

Point

2.3mm

眉下側の眉頭から黒目の上あたりまでに眉を描き足します。もとの眉より2、3mm下がるくらいが◎。

マキアージュ ダブルブロークリエーター ペンシル BR611 ¥900（編集部調べ）／資生堂
※ホルダー別売

3 描き足した部分をブラシでなじませる

描き足した部分にパウダーをのせ、もとの眉となじませます。

ヴィセ リシェ アイブロウ＆ノーズパウダー BR31 ¥1,200／コーセー

4 眉マスカラの余分な液をオフ

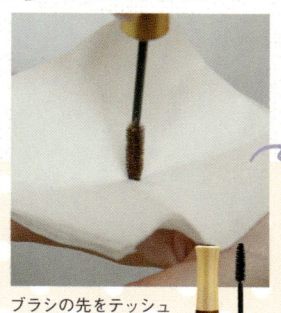

ブラシの先をティッシュにつけ余分な液を取ってから使用します。つけたときのダマ防止に。

ドロール ドゥ シル 21 ¥1,600／ブルジョワ

5 眉マスカラを眉毛の表側につける

眉頭から眉尻へブラシを動かし、毛の表面にマスカラをつけます。

6 眉マスカラを眉毛の裏側につける

5とは逆方向にブラシを動かし、毛の裏側にマスカラをつけたら完成！

基本のメイクにちょこっと足してバージョンアップ

一重愛されフェイスのRULE（ルール）

> キラキラアイシャドウで作る目の下の涙袋とピンクのチーク。瞳はうるうる、頬はピーチのように愛らしく、あなたのキュートな魅力がUPします♥

RULE 1 ピンクのキラキラで涙袋を作っちゃおう！

目の下のふくらみ部分（涙袋）は、目元をチャーミングに見せます。目頭から黒目のおわりあたりまでにピンクのキラキラアイシャドウを塗れば、瞳うるうる効果バツグンの涙袋の完成です。

オススメ　ピンクのキラキラ

インジーニアス パウダーアイズ N 16 ¥2,200／RMK Division

アイカラー C PK4 ¥800／エテュセ

RULE 2 粘膜に入れる白ラインで瞳をクリアに！

下まぶたの粘膜に、白のペンシルでラインを引くと、白目の白さを引き立てる効果が。下まぶたを指で押し下げながら引くとスムーズです。

オススメ　白のペンシル

アイライナー ペンシル シュガープロンド ¥2,500／アディクション

ポール ＆ ジョー ペンシル アイライナー WP 04 ¥1,800／ポール ＆ ジョー ボーテ

RULE 3 ピンクのチークを丸くオン！

ふんわり丸く、ピンクのチークをオン。ほんのりかわいい、ピーチのような愛され顔のできあがり。

オススメ　ピンクのチーク

アナ スイ ローズ チーク カラー N 300　¥3,500／アナ スイ コスメティックス
※ 2014 年 6 月 5 日より発売予定

インジーニアス パウダーチークス N 02　¥3,000／RMK Division

ぱっちりした大きな目が一瞬で手に入る

一重さんのつけまつ毛テク

上つけまつ毛

一重さんのつけまつ毛は目を丸く見せるため、目尻の毛が長いタイプより、中央の毛が長いタイプを選びましょう。つけまつ毛の根元が少しだけ太くなっているものを選ぶと、アイライン効果でよりぱっちり目に。

アストレア ヴィルゴ アイラッシュ ナチュラルタイプ N8 ¥880／シャンティ

\\上まつ毛実況中継スタート!!//

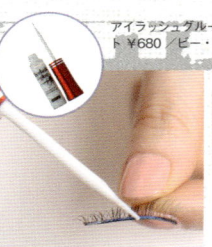
アイラッシュグルー ホワイト ¥680／ビー・エヌ

1 つけまつ毛を目にあて、目からはみ出る部分を確認。

2 1で確認した部分をカットする。カットするのは目尻側。

3 つけまつ毛用ののりを根元につける。

4 Point　取れやすい目頭部分は、もう一度のりを重ねづけ。

fuu!

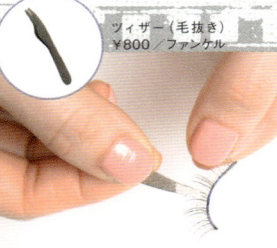
ツィザー（毛抜き）¥800／ファンケル

5 のりを少し乾かす。

6 装着前にもう一度つけまつ毛を軽く曲げ（右ページ上事前準備参照）、ピンセットで中央をつかむ。

7 あごを軽くあげ、鏡を見下ろすようにし、空いている方の手でまぶたを少し持ち上げる。

事前準備

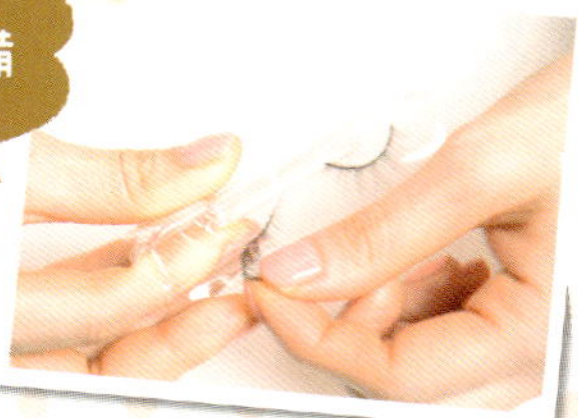

Point 両端を軽く持ち丸く曲げる。こうするとつけるときに目のカーブにフィットして、断然つけやすくなる。

つけまつ毛を台から取りはずす。

8 つけまつ毛をまつ毛の上に軽くおく。

9 目頭側から、まつ毛の生え際ぎりぎりに軽く合わせていく。

10 続けて目尻部分も軽く合わせる。

11 ピンセットの持ち手のカーブ部分を使って、つけまつ毛を押し、固定させる。

K-パレット リアルラスティングアイライナー24h WP SB101 ¥1,200／クオレ

finish

12 **Point** 不自然にならないように、指でまつ毛とつけまつ毛をなじませる。

13 のりが固まって目立つ部分に、黒のアイラインを引いてカモフラージュ。

14 ホットビューラーをあて、まつ毛とつけまつ毛を密着させる。

15 自然なぱっちりデカ目が完成！

ちょこっとつけるだけでデカ目効果大
一重さんのつけまつ毛テク

下つけまつ毛

下まつ毛はナチュラルが鉄則！
つけまつ毛1本1本が細く繊細なものを選んで。
また、フルでつけてしまうと不自然な仕上がりになるので、
カットして目尻と黒目下にだけつけましょう。

エリコラッシュ　EEL-13
下まつげ ¥1,000／
ビューティネイラー

\\\\ 下まつ毛実況中継スタート!! //

アイラッシュグルー ホワイト ¥680／ビー・エヌ

ツィザー（毛抜き） ¥800／ファンケル

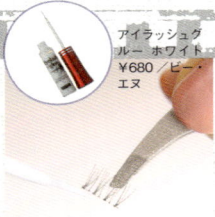

1
つけまつ毛を3つにカットする。3等分ではなく、目尻側と真ん中の部分は少し短め、目頭部分は少し長めに。○印のついた2パーツ（目尻と真ん中部分）を使用。

2
目尻部分のつけまつ毛につけまつげ用ののりをつける。

3 *Point*
2を実際のまつ毛より1mm下につけ、目の縦幅を広げる。

finish

4
続けて真ん中部分。位置は黒目の真下に実際のまつ毛の下から、生え際に合わせる。

5 *Point*
不自然にならないように、つけまつ毛を指で軽く持ち上げ、実際のまつ毛となじませる。

6
下まつ毛にボリュームがあると、お人形さんみたい！

つけまつ毛の選び方

上まつ毛は、中央の長さが長いタイプを選びましょう。
また根元が少し太めのものを選ぶと、
つけたときにアイラインのように見えぱっちり目になります。
下まつ毛は、毛の量が少なめでも十分印象が変わります。
逆に多いのは不自然み見えるのでNG。

オススメ 上まつ毛用

スプリングハート アイラッシュ 09 ¥380／コージー本舗

つけまつ毛 S5 ¥280／ロージーローザ

オススメ 下まつ毛用

ドーリーウインク アイラッシュ No.21 シークレットガール ¥1,200／コージー本舗

アイラッシュ UNDER 705 ¥1,000／D.U.P

どれも、美まつ毛だよ

基本のメイクにちょこっと足してバージョンアップ

奥二重愛されフェイスのRULE(ルール)

キラキラアイシャドウで作る目の下の涙袋と長めに引いたアイライン。まるでお人形のようなメイクで、いつもより愛らしく、いつもよりスイートに♥

RULE 1 — 目尻のラインを下げて、"愛されたれ目"

目を開けた状態で、目尻のラインを2mm下がり気味に描き足します。これだけで、かわいいたれ目の雰囲気に。

オススメ　ブラックのペンシルアイライナー

クイックライナー フォー アイ インテンス 01　¥2,200／クリニーク ラボラトリーズ

プロ ロングウェア アイ ライナー ブラック アイス　¥2,800／M・A・C

RULE 2 — ピンクのキラキラで涙袋を作っちゃおう!

目の下のふくらみ部分（涙袋）は、目元をチャーミングに見せます。目頭から黒目のおわりあたりまでにピンクのキラキラアイシャドウを塗れば、瞳うるうる効果バツグンの涙袋の完成です。

オススメ　ピンクのキラキラ

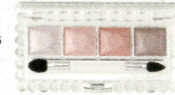

ジルスチュアート ジュエルクリスタル アイズ N 06　¥5,000／ジルス チュアート ビューティ

ルナソル レイヤー ブルームアイズ 01　¥5,000／カネボウ化粧品

RULE 3 — 目頭の"くの字ライン"で目が大きくなる!

ブラックの極細アイライナーで目頭の粘膜に、目頭を囲むように"くの字"を描きます。目頭の切れ込みが強調され、ぱっちり目に。

オススメ　ブラックのリキッドアイライナー

ヴィセ リシェ リキッドアイライナー BK001　¥1,000／コーセー

ケイト スーパー シャープライナーS BK-1　¥1,000／カネボウ化粧品

ぱっちりした大きな目が一瞬で手に入る
奥二重さんのつけまつ毛テク

上つけまつ毛

奥二重さんは、フルでつけてしまうと
まぶたがかぶさる目頭部分が取れやすいため、
カットして目尻にだけつけましょう。
中央の毛が長いタイプのつけまつ毛を選び、
3つにカットして両端を左右の目に使用します。

normal type
アイデコレーション アイラッシュ ナチュラルキュートタイプ ¥400／貝印

上まつ毛実況中継スタート!!

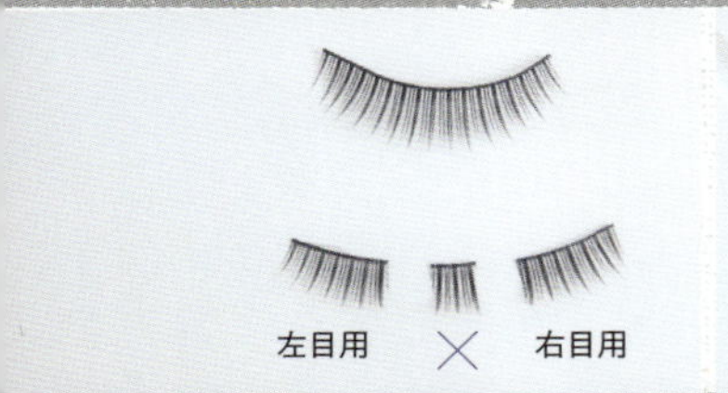

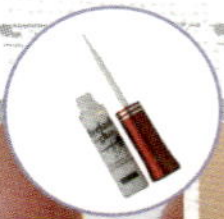

normal type

左目用 × 右目用

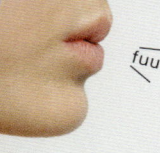

アイラッシュグルー ホワイト ¥680／ビー・エヌ

1
つけまつ毛の両端を1cm幅でカットし、毛の長い方が目尻にくるように、左右それぞれの目に使います。

2
つけまつ毛用ののりを根元につける。

3
のりを少し乾かす。

ツィザー（毛抜き）¥800／ファンケル

finish

4 Point
3を目尻のまつ毛の上におく。目尻から少しはみ出すようにすると◎。

5
ピンセットの持ち手のカーブ部分を使って、つけまつ毛を押し、固定させる。

6
目尻を強調したチャーミングな目元が完成！

目尻につけるタイプでもう1つオススメなのが、
セパレートタイプ（bunch type）のつけまつ毛。
まつ毛数本が束になっていて、
田植えをするようにつけていきます。
まつ毛エクステのような繊細な仕上がりに。

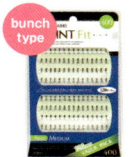

アイラッシュ ポイントフィット 400
8mm ¥1,000／D.U.P

上まつ毛実況中継スタート!!

ツィザー（毛抜き）
¥800／ファンケル

1
つけまつ毛用ののりを台の端に出す。チューブタイプののりが便利。

2
つけまつ毛をピンセットでつかみ、根元にのりをつける。

3
つけまつ毛を目尻側につけていく。スタートは黒目の終わりあたりから、実際のまつ毛のすき間を埋めて。

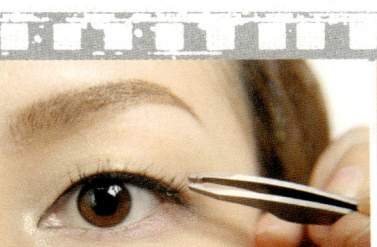

4
1本目の横から目尻に向かって並べていく。

5
最後に全体のバランスを見て、少ないところを埋める。

6
まつ毛の密度バツグン。目尻強調メイクの完成！

ちょこっとつけるだけでデカ目効果大
奥二重さんのつけまつ毛テク

下つけまつ毛

下まつ毛はナチュラルが鉄則！
つけまつ毛1本1本が細く繊細なものを選んで。
使うときは、カットして黒目から
目尻部分にだけつけます。
フルでつけるより断然ナチュラルに仕上がります。

透明軸つけまつ毛 NU1
¥280／ロージーローザ

下まつ毛実況中継スタート！！

アイラッシュグルー ホワイト ¥680／ビー・エヌ

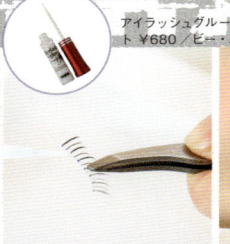

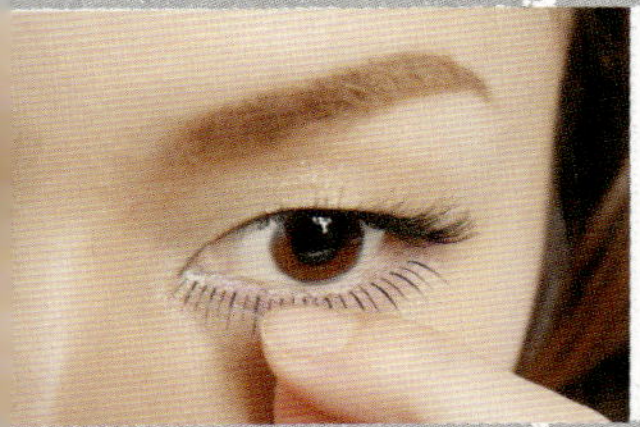

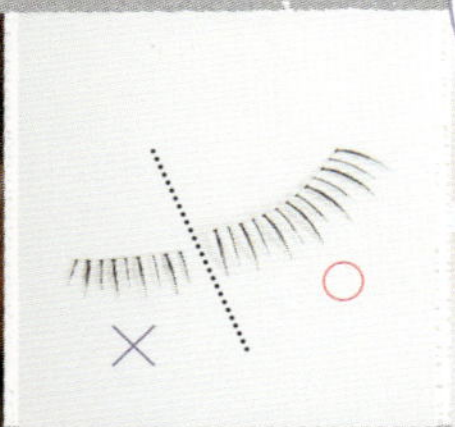

1 つけまつ毛をまつ毛にあて、黒目から目尻までの長さを確認。

2 1で確認した長さにカットする。○印のついたパーツを使用。

3 つけまつ毛用ののりを根元につける。

4 のりを少し乾かす。

ツィザー（毛抜き）
¥800／ファンケル

finish

5 Point 4を実際のまつ毛より1mm下につけ、目の縦幅を広げる。

6 Point 不自然にならないように、つけまつ毛を指で軽く持ち上げ、まつ毛となじませる。

7 下まつ毛のボリュームUPで存在感のある目に！

• つけまつ毛の選び方 •

上まつ毛は、目尻にボリュームのあるものや目尻にいくほど毛が長くなっているタイプで、目尻を強調させましょう（フルタイプをカットして目尻にだけ使うのも◎）。
下まつ毛は、やり過ぎ感が出ないよう
毛の量が少なめのものをセレクトして。

オススメ 上まつ毛用 normal

ラッシュコンシェルジュ アイラッシュ No.5 ドールキャット ￥900／コージー本舗

アストレア ヴィルゴ アイラッシュ ナチュラルタイプ N 10 ￥880／シャンティ

オススメ 上まつ毛用 bund

アイラッシュ ポイントプラス 203 ナチュラル ￥1,000／D.U.P

アストレア ヴィルゴ アイラッシュ ナチュラルタイプ N 13 ￥880／シャンティ

オススメ 下まつ毛用

アイデコレーション アイラッシュ 下まつげ用 ￥400／貝印

ドーリーウインク アイラッシュ No.5 リアルヌード ￥1,200／コージー本舗

オススメ アイテム

つけまつ毛グッズ

つけまつ毛にたくさんの種類があるように、付属アイテムにも便利なものがいっぱいです。まつ毛をケアする美容液と一緒に紹介します。

まつ毛用美容液

① ②

❶ラッシュ ビルダー ¥3,000／シュウ ウエムラ ❷スカルプ D ボーテ ピュアフリーアイラッシュ（まつ毛美容液）¥1,602／アンファー

つけまつ毛用アイテム

❶ 保存ケース　❷ ピンセット

❸ のり（ブラック）

❹ ミラー

❺ 装着クリップ

❶アストレア ヴィルゴ アイラッシュケース PK ¥580／シャンティ ❷KOBAKO アイラッシュ アプリケーター ¥2,200／貝印 ❸スプリングハート アイラッシュフィックス ブラック ¥160／コージー本舗 ❹アストレア ヴィルゴ アイラッシュチェックミラー 5面 ¥1,500／シャンティ ❺まつ毛簡単 装着クリップ ¥580／ビー・エヌ

ブラシツール

用途によってブラシを使い分けるとメイクがぐ〜んとラクに。
色んなタイプのブラシがありますが、
ここでは最低限揃えてほしいものだけを厳選して紹介します。

アイ&アイブロー

❶ アイカラーブラシ ¥3,500 ❷ アイシャドウブラシ ¥2,100 ❸ アイブロウブラシ ¥2,500 ❹ スクリュウブラシ ¥1,500 ／すべてケサランパサラン

フェイス&チーク

❶ シェイドブラシ ¥4,000 ❷ チークブラシ ¥4,000 ／すべてケサランパサラン

リップ

リップブラシ ¥2,600 ／ケサランパサラン

chapter 2

お悩み解決の鍵

この章では、一重・奥二重さんの多くが悩んでいる
「はれぼったいまぶた」「目ヂカラがない」
「目が小さい」の3つのテーマにそって、
その解消法を紹介します。
アイライン、アイシャドウ、マスカラ、つけまつ毛……
そのテクニックのすべてを駆使すれば、
どんな悩みだって即解決！

- お悩み 1 -
まぶたが重く、
はれぼったい……p40

- お悩み 2 -
目ヂカラがなく
地味顔……p52

- お悩み 3 -
とにかく
目が小さい……p62

お悩み 1
まぶたが重く、はれぼったい

はれぼったいさんは、陰影シャドウと光ハイライトでメリハリEYE！

はれぼったいまぶたは、光（ハイライト）と影（シャドウ）でメリハリをつけてすっきりまぶたにチェンジ。また、メイク前に行う1分マッサージも効果的。血行が促進されて、目の下のクマも和らぎます。まぶたがはれぼったいために起こりやすいパンダ目は、朝のスキンケアがカギ！　メイク前にまつ毛の油分や皮脂を拭き取っておくことで解決できます。

Before

After

> **解決法 1**

はれぼったく見えるまぶたには、"ブラウン×ハイライト"のアイシャドウ立体テクニック

眼球にそってブラウンのアイシャドウで影を入れ、眉下にハイライトカラー（光）を入れると、まぶたに自然な凹凸ができ、すっきりとした目元に。また、鼻筋と眉頭の間のくぼみにもブラウンを入れ鼻筋をはっきりさせると、目元の印象がより強くなります。

光のコントラスト　影

マットなブラウンのアイシャドウを、黒目の上から目尻にかけて眼球にそうようにさっと入れます。鼻筋と眉頭の間のくぼみにも、同じブラウンで薄めに丸くノーズシャドウを。

光のコントラスト　光

ハイライトカラーを眉下（眉山から眉尻部分）と目頭のアイホールのくぼみに入れます。

解決法 2 パンダ目防止策！乳液や美容液の油分や皮脂は、まつ毛につけないこと！

目がはれぼったいと、まぶたにアイメイクのよごれがつきやすく、パンダ目になりやすいことも。その対策には、目元やまつ毛に余分な乳液や美容液などの油分を残さないことが大切。残った油分とメイクの油分が混ざり合うと、メイク崩れの原因になります。スキンケアのときにはまつ毛につけないように注意して、目元の油分や皮脂は綿棒で軽く拭き取りましょう。

アイメイクをする前に、綿棒で目のキワの余分な油分を拭き取ります。

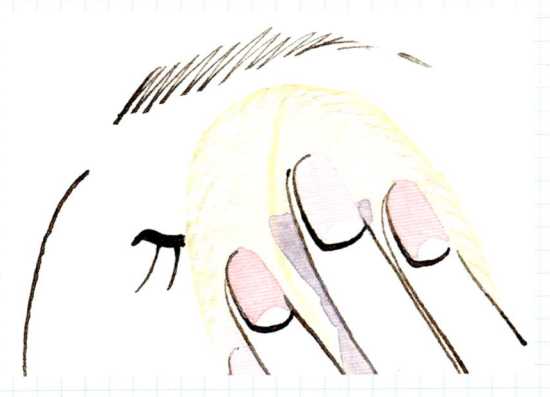

少量のパウダーがついたパフで、まぶたを2、3回おさえてから、アイメイクスタート。

解決法 3

むくみすっきり！
メイク前の
目元1分マッサージで血行促進

メイク前に肌のコンディションを整えておくのもメイクのうち。はれぼったさは血液の滞りが原因の場合もあるので、メイク前のマッサージはとても効果的です。また、血流がよくなることで目の下のクマも薄くなり、目立たなくなります。目のまわりは皮膚が薄くデリケートなので、美容液をたっぷりつけて行いましょう。

1 目のまわりに乳液または美容液をつけます（マッサージによる摩擦防止！）。

2 上まぶたの目頭から目尻まで指の腹で優しくなでます。

3 下まぶたの目頭から目尻まで指の腹で優しくなでます。

4 こめかみをプッシュ！

5 眉下の骨を持ち上げるようにしてツボをプッシュ！　これを数回繰り返します。

シワの原因となる摩擦防止に

オール アバウト アイ
¥4,200／クリニーク ラボラトリーズ

特にはれぼったい日の対処法

｛W温冷法で むくみスッキリ｝

昼過ぎまで寝てしまったときや
前夜に水分をとり過ぎてしまったときは、
起きたら目がパンパン！　なんてことも……。
そんなまぶたのむくみには、"温""冷"のW処方が効果的。
とにかく血行をよくし、滞っている流れをどんどん流しましょう。
まずは温めて血行の悪さを解消し、
次に冷やして血管と皮膚を引き締めれば、むくみスッキリです。

温

蒸しタオルを
目の上にのせ、
そのまま30秒キープ。
じんわりと温められます。

おうちで蒸しタオルを作るときは…

フェイスタオルを水に
濡らして固めにしぼります。
電子レンジに入れ、
30秒程度温めれば
できあがり！
取り出した直後は
熱いので注意してね！

30秒

冷

次に冷蔵庫で
よく冷やした
ペットボトルを目にあて、
冷やしましょう。
同じく30秒が目安です。
ペットボトルの代わりに、
タオルで包んだ
保冷剤でもOK！

メリハリEYEメイクstart

1 綿棒で目のキワの油分をオフ

アイメイクをする前に、綿棒で目のキワをなで余分な油分を拭き取ります。

2 パフでまぶたを軽くおさえる

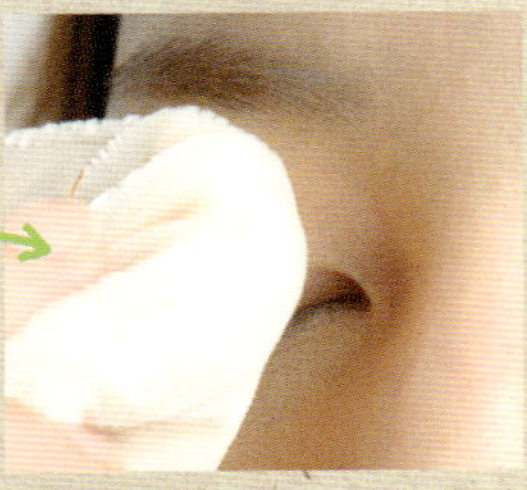

少量のパウダーがついたパフで、まぶたを2、3回軽くおさえます。崩れやすいアイメイクもこれで安心。

ベビー綿棒200本入り／ピップ

パウダーパフ ¥600／資生堂

3 アイホールにブルーのアイシャドウをオン

ヴェラックス パール フュージョンシャドウ ブルーリュクス ¥4,800／M·A·C

薄いブルーのアイシャドウをチップにとり、アイホール全体に塗ります（**B**を使用）。

4 引き締め色のネイビーでアイラインを引く

パラダ・アイズ・ライナー 3 ¥4,100／ジバンシイ

リキッドタイプのカラーアイライナーで、目のキワにラインを引きます。引いたら、パフであおいで乾かして。

オススメ ブルー系アイシャドウ

メイベリン ハイパーダイヤモンド シャドウ BU-1 ¥1,200／メイベリン ニューヨーク

ケイト デュアルブレンド アイズ BU-1 ¥1,300／カネボウ化粧品

オススメ ネイビーのアイライナー

マジョリカ マジョルカ パーフェクトオートマティックライナー BL603 ¥1,200／資生堂

5 目尻のアイラインを2mmのばす

やや下がり気味にラインをのばします。たれ目風のやさしい目元に。

6 上まぶたの粘膜を塗りつぶす

目をおもいっきり開けたときに見える上まぶたのピンク色の粘膜部分を、ブラックのアイライナーで塗ります。

ヒロインメイクス ムースリキッド アイライナーN
￥1,000／伊勢半

7 下まぶた目尻側3/4にアイシャドウをオン

薄いブルーのアイシャドウを目尻から黒目に向かって塗ります（Bを使用）。

8 目頭はラメ入りハイライトカラー

目頭にラメ入りのハイライトカラーを塗ります（Aを使用）。キラキラ効果できれいな白目に。

9 締め色を目尻に丸く塗る

目尻1/3に濃いブルーを丸く塗り、たれ目気味にすることで目頭との高さを合わせます（Cを使用）。

カラーアイライナーの上手な使い方

手の甲でブラシの先をなじませて、余分な液を取り、ブラシをフラットにしてからラインを引くと美しく仕上がります。

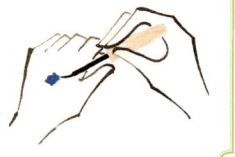

47

10 フィルムタイプのマスカラをつける

根元から毛先に向かって、マスカラを左右に動かしながらつけます。
マスカラ ¥3,200／アディクション 

11 ウォータープルーフタイプで重ね塗り

ダマができないように1本1本丁寧に塗ります。カールをコーティングしてがっちりキープ。

メイベリン ボリューム エクスプレス ハイパーカール スパイキーコーム ウォータープルーフ 01 ¥1,200／メイベリン ニューヨーク

12 もう一度目尻に重ね塗り

目尻部分を重ね塗りし強調させ、さらに目をぱっちり見せます。

13 ブラウンのアイシャドウで影をつくる

ブラウンシャドウは必ずパールが入っていないマットなものを選んで!!

黒目の上から目尻へ、眼球にそってブラシ2、3度動かし影を作ります。
ブラッシュ ノクターン ¥2,800／アディクション

オススメ ブラウンのフェイスカラー

プレスド アイシャドー（レフィル）M 851 ¥1,800／シュウ ウエムラ ※ケース別売

ホリの深い目元★

14 鼻筋のくぼみに ノーズシャドウをオン

眉頭の下から鼻筋を指でさわっていくとくぼみがあるので、そこに丸く薄くブラウンのアイシャドウをのせます。

15 ハイライトカラーで 立体感をプラス

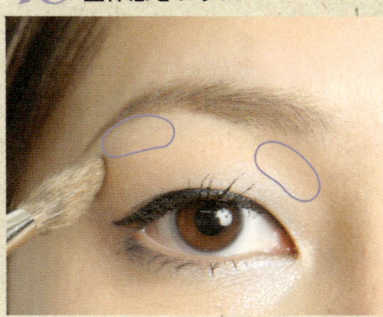

眉下と目頭のアイホールのくぼみに、ハイライトカラーをつけます。

ブラッシュ ロココ
¥2,800／アディクション

49

> "影と光"をプラス
> 陰影効果ですっきりしたまぶたに、
> きらめくネイビーの
> ジェルアイライナーでアクセント。
> ツヤ色を使うと
> グッと印象的になります。

51

お悩み2
目ヂカラがなく地味顔

地味顔さんは、"しっかりカール×きっちりマスカラ"でぱっちりデカ目のキュートフェイスに！

目の印象が薄いせいで、何となく地味顔になってしまうのが悩み……。そこで、アイメイクのあらゆる"魔法のワザ"を駆使して、ぱっちりとしたデカ目になっちゃいましょう。ポイントはまつ毛をクルッとカールさせて、きっちりマスカラを塗ること。すると目のフレームがグッと大きくなります！　アイラインでちょこっとたれ目にして、目元の印象をやさしくすることもかわいく見せるコツ。うるうる瞳になれる下まぶたのメイクもマスターしましょう。

Before　　　*After*

解決法 1
放射状に広がるまつ毛で目のフレーム拡大！ポイントは"目頭部分のまつ毛"

まつ毛をしっかりとカールさせ、目のフレームが大きくなると目ヂカラが強くなります。ポイントは"目頭部分のまつ毛"。この部分は、ビューラーで少し挟みにくく、目尻にくらべてついおろそかになりがちです。でも"しっかりカール×きっちりマスカラ"で強調されると、目元がぱっちりとします。特にまぶたがかぶさり気味の奥二重さんにはオススメのテクニック。

すっぴんまつ毛だと目ヂカラゼロ……

"しっかりカール×きっちりマスカラ"でぱっちりデカ目！

Point

目頭まつ毛もラクにつかむ部分用ビューラー
通常のビューラーではいっぺんにまつ毛をつかめない人にオススメ。

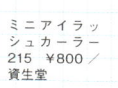

ミニアイラッシュカーラー 215 ¥800／資生堂

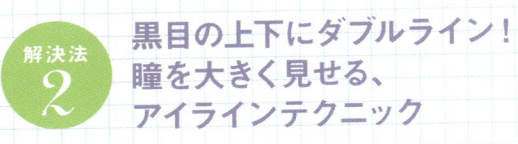

解決法 2
黒目の上下にダブルライン！瞳を大きく見せる、アイラインテクニック

アイラインを上まつ毛のキワに引いたあと、黒目の上下部分にだけアイラインをもう1度数ミリ描き足します（黒目の上下の曲線部分を、太く重ね描きするイメージ）。これでどうなるの？　と思うかもしれませんが、目の錯覚で黒目が大きく見えるからメイクって不思議。　囲み目メイクは、少しきつく見えるのでイヤ！　という方にはオススメのナチュラルメイクテクニックです。

ふつうのアイライン
たしかに、はっきりはするけど…

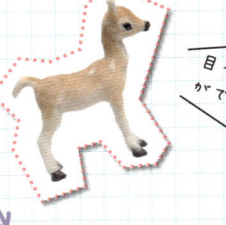

目ヂカラがでるよ！

黒目上下にダブルライン！
瞳が強調されて、より印象的な目元に。

Point
ラインを下まぶたに入れるときは、ピンク色の粘膜部分に引きます。瞳とまつ毛の間を塗りつぶすことで、瞳が大きく見えます。

解決法 3 かわいさ、華やかさUP！下まぶたのカラーアイライン

下まぶたにカラーアイラインを引くと、白目の白さが引き立ち、目のフレームが大きくなって、瞳がうるうる輝いて見えます。暖色系を選ぶと、甘く愛らしいイメージに。カラーアイライナーはアイシャドウよりも発色がよく、メイク持ちもいいので、メイク崩れしやすい下まぶたにはぴったり。ぜひお試しを！

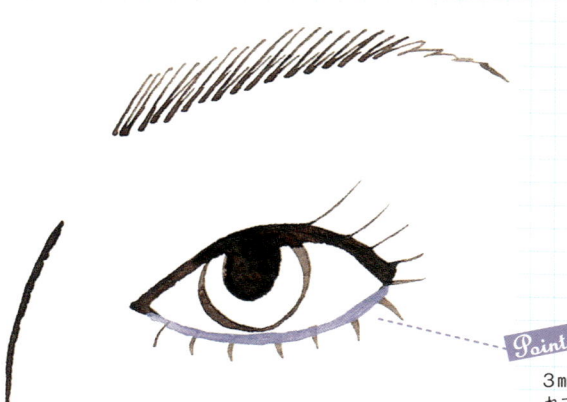

Point 3mm幅くらい、しっかり入れてOK。

下まぶたにぴったりのおすすめカラー

かわいらしいイメージにしたいとき　ピンク　パープル

かっこいいイメージにしたいとき　ブルー　グリーン

キュートEYEメイクstart

1 薄いブルーの下地でまぶたすっきり

アイホール全体にマットな薄いブルーのコントロールカラーをオン。
ニュアンスカラーズ 411 ¥3,000／ワトゥサ・インターナショナル

2 部分用ビューラーでまつ毛をカール

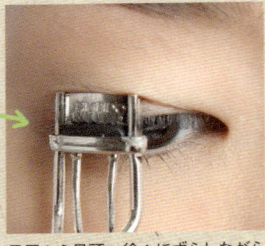

目尻から目頭へ徐々にずらしながらまつ毛をカールさせます。

目頭部分をしっかりキャッチ！

3 目のキワにアイライン 目尻は2mmのばしたれ目に

2mm

アイラインを引いたら、目尻のラインをやや下がり気味に2mmのばします。
K-パレット ラスティングアイライナー 01 ¥500／クオレ

キュート Eye!

4 グラデーションは薄い色から

アイホールの半分の幅に薄いブラウンを塗ります（Aを使用）。
スモーキーアイズ 03 ¥2,000／ブルジョワ

5 キワには濃いブラウンをオン

4のアイシャドウの半分の幅に濃いブラウンを塗ります（Bを使用）。

6 目尻部分に濃いブラウンを重ねづけ

目尻部分にもう一度濃いブラウンを重ね、グラデーションを作ります（Bを使用）。

7 下まぶたにパープルのアイラインを引く

目尻から目頭に向かってパープルのカラーペンシルで3mm幅のラインを引きます。

メイベリン アイステュディオ ペンシルアイライナー 05 ¥800／メイベリン ニューヨーク

8 綿棒でぼかしてナチュラルに

7で引いたラインを綿棒でぼかします。色をなじませることで自然に見えます。

オススメ ブラウン系アイシャドウ

ヴィセ リシェ スモーキーリッチアイズ BR-2 ¥1,400／コーセー

エクセル ファイブレイヤーズシャドウ N FS01 ¥1,700／常盤薬品工業

オススメ パープルのペンシル

ペンシルアイグリッター バイオレット ¥1,000／エテュセ

9 名刺を使ってマスカラを塗る

名刺を軽く曲げてから使うと、まぶたにフィット!

まぶたを名刺でカバーしてマスカラを塗ります。
キャンメイク ゴクブトマスカラ 01 ¥600／井田ラボラトリーズ

10 黒目の上だけマスカラを2度塗り

裏技だ!

黒目の上にだけもう一度マスカラを重ねます。黒目が大きく見え、デカ目効果が!

11 ウォータープルーフタイプで重ね塗り

カールをコーティングしてがっちりキープ。ダマができないように1本1本丁寧に塗ります。
ヒロインメイク ロング＆カールマスカラS ¥1,000／伊勢半

オススメワザ　黒目の上にだけ、つけまつ毛をプラス!

さらに黒目を強調させたいときは、カットした中央部分のつけまつ毛を、黒目上のまつ毛の上につけます。

使用

12 黒目の上だけダブルライン

黒目の上にだけアイラインを描き足し、太くします。

13 下まぶたは粘膜にダブルライン

黒目の下の粘膜に、アイラインを引きます。上下のダブルラインで黒目がひとまわり大きく見えます。

14 ホットビューラーでまつ毛の根元UP!

マスカラの重みで少し下がったまつ毛を、根元からもう一度上げます。逆に下まつ毛は軽く押し下げて。

15 ハイライトカラーで立体感をプラス

目頭のくぼみと目尻にアルファベットのCを描くようにハイライトカラーをつけます。
ブラッシュ ロココ
¥2,800／アディクション

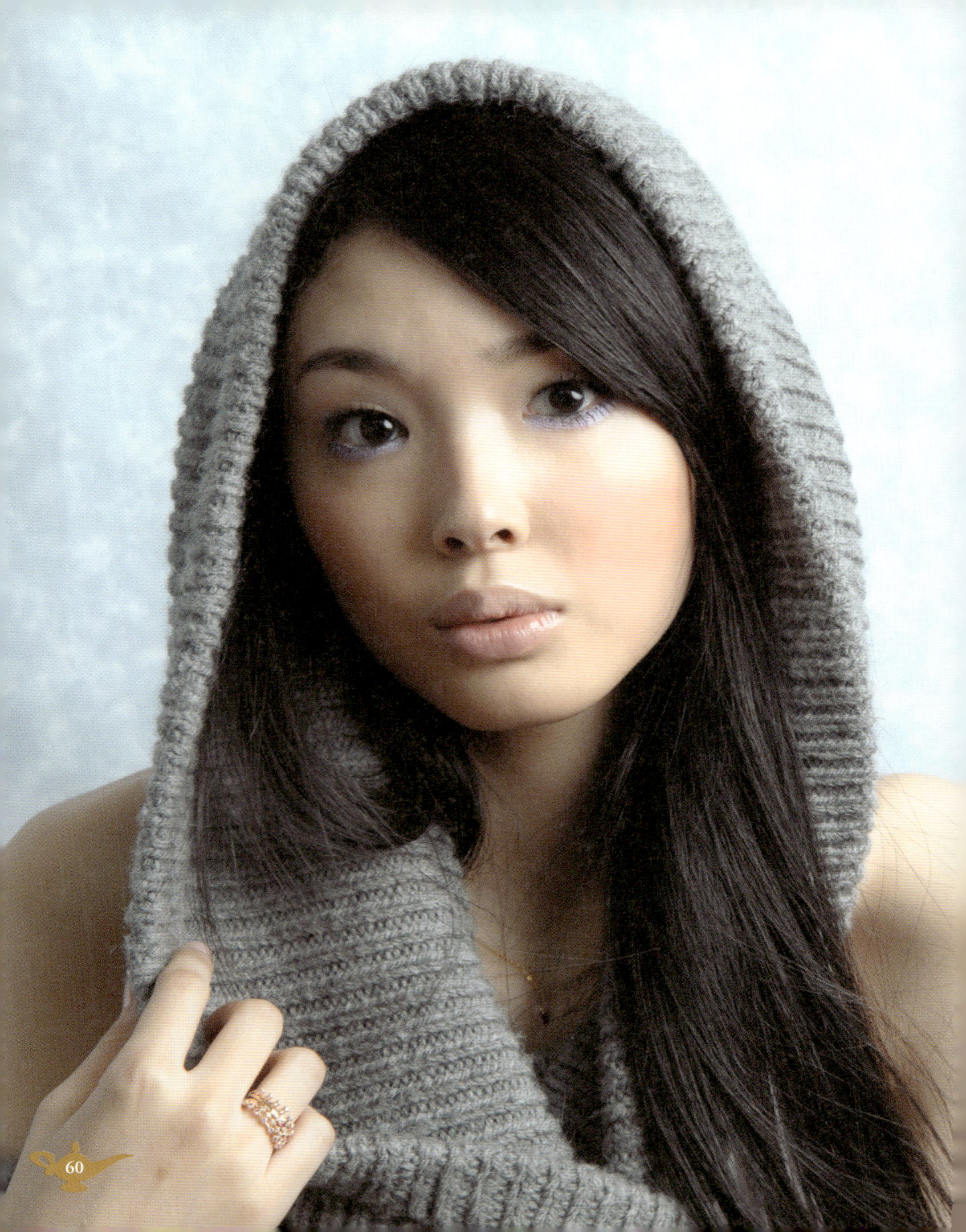

放射線状に広がるまつ毛と
　　瞳強調アイラインで、
　　みんなの視線をキャッチ。
　　下まぶたに入れた
　　パール感たっぷりのパープルで、
　　瞬きするたびに瞳輝く。
　　かっこよさとかわいさが
　　ほどよくMIXされたメイクです。

お悩み 3
とにかく目が小さい

小粒目さんには"グレー×シルバー"のシャドウ。
最強デカ目のかわいい小悪魔風メイクにチャレンジ

ブラックやグレーなどグレイッシュなカラーを使うと、もっと目が小さく見えるなんて思っていませんか？ むしろまったく逆で、濃いめのグレーをガシッと塗って、ブラックのラインでビシッと引き締めれば、目元に陰影が生まれ、最強デカ目になれるのです！ ポイントは、アイシャドウを塗る範囲。目を開いたときに、ちゃんと色が見えていないと目ヂカラは発揮できません！

Before　After

解決法 1

目を縦横に大きく見せる！
目尻の"楕円形アイシャドウ"

グレーのアイシャドウを目のキワにつけたあと、目尻から斜め上に向かって、楕円を描くようにアイシャドウを重ねづけします。グレーの色と楕円の形によって、目に奥行きと立体感が生まれ、目が丸く大きく見えます。絵画の遠近法のようなこのデカ目メイク法。不自然にならない？　と思われるかもしれませんが、アイラインやマスカラをしっかりつけてバランスをとれば、とてもきれいな仕上がりになります。

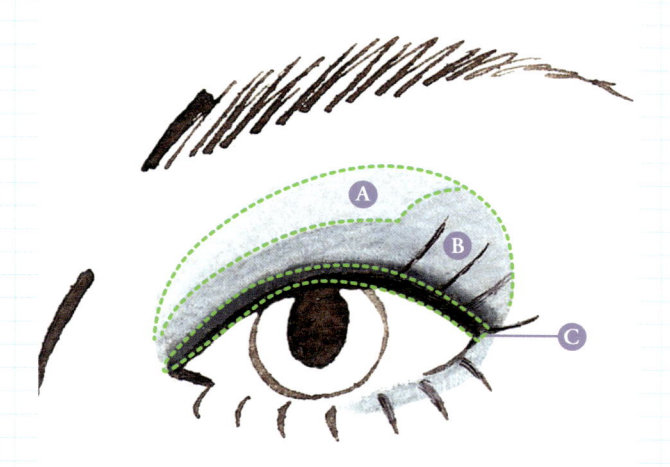

楕円形アイシャドウ

楕円形アイシャドウを作るのに必要なのが、3段階の濃さのアイシャドウ。ほんのり色がつく程度のベースカラー、しっかり色がつく締め色、その中間となる中間色の3色。あらかじめ3色揃っているパレットを買うのも◎。

- A ベースカラー
- B 中間色
- C 締め色

解決法 2

濃いメイクをきれいに仕上げるコツ！ "グレー×シルバー"の濃淡アイシャドウのコントラストで奥行きと立体感！

グレーのアイシャドウをつけたあと、上まぶたの中央と下まぶたの目頭（目頭側1/4）に、ハイライトカラーのシルバーのアイシャドウをつけます。まぶたの中央に丸くつけると、そこが高く見えて立体感がUPし、目頭はメイクに抜け感が出て、白目がきれいに見える効果があります。グレーなどの濃いカラーのアイシャドウをつけるときは、シルバーなどのハイライトで濃淡のコントラストを効かせるのがキレイに仕上がるコツ！

濃いめのアイシャドウをつけたときは…

ハイライトで濃淡を効かせるとキレイ！

解決法 3

ワザあり！
下まぶたのＳ字アイライン法で
最強デカ目！！

小粒目さんには、上下のアイラインをしっかり入れて作る"がっつり囲み目"はＮＧ！ 小さな目のフレームが強調され、余計に目が小さく見えてしまいます。そこで、下まぶたのアイラインをきっちり目のキワに入れないで、黒目の下を中心に、"Ｓの字"になるように引きます。目尻から黒目の下はまつ毛の生え際に引き、目頭から黒目の下は目のキワの粘膜に入れましょう。目頭側はしっかりと目のフレームを強調しますが、目尻側はまつ毛の生え際にラインを引くことで、白目を大きく、ぱっちりと丸く見せる効果があります。

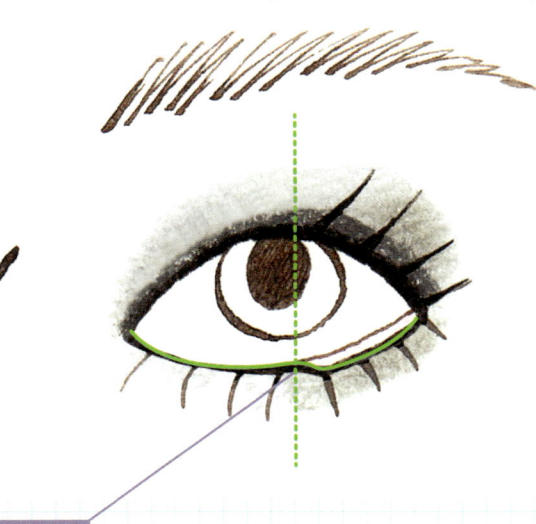

POINT
Ｓ字の切り替え地点は、黒目よりやや目尻側。

最強デカ目メイクstart

1 薄いブルーの下地でまぶたすっきり

アイホール全体に、マットな薄いブルーのコントロールカラーをオン。

ニュアンスカラーズ 411 ¥3,000／ワトウサ・インターナショナル

2 ビューラーでまつ毛をカール

根元を挟んだら、ビューラーをスライドさせずにまつ毛が直角になるくらいカールさせます。

アイラッシュカーラー 213 ¥800／資生堂

3 ベースカラーをアイホールにオン

アイホールの半分の幅にパール入りの薄いシルバー（ベースカラー）を塗ります（Aを使用）。

M・A・C ミネラライズ アイシャドウ × 4 ワフト オブ グレイ ¥5,500／M・A・C

4 中間色で楕円形を作る

3のアイシャドウの半分の幅に中間色のグレーを塗ったら、目尻斜め上から黒目に向かって楕円形に塗ります（Bを使用）。

5 締め色を目のキワに塗る

先の細いチップを使い、4のアイシャドウのさらに半分の幅に濃いグレー（締め色）を塗ります（Cを使用）。

オススメ　グレー系アイシャドウ

アイシャドウ（右）スターダスト（中）スクリーン（左）イエスタデイ 各¥2,000／すべてアディクション

6 下まぶたに締め色をオン

先の細いチップを使い、濃いグレー（締め色）を目尻側 3/4 に塗ります（Cを使用）。

7 まつ毛にマスカラベースをつける

つけたあとはパフでパタパタして乾かして。

マスカラのようにまつ毛の根元から毛先に向かって塗ります。

マジョリカ マジョルカ ラッシュボーン ブラックファイバーイン ¥1,200／資生堂

8 フィルムタイプのマスカラをつける

まつ毛の上下ともに根元からしっかり塗ります。

9 ブラックのアイラインを引く

リキッドタイプのアイライナーで目のキワにラインを引きます。

K-パレット リアルラスティングアイライナー 24h WP SB101 ¥1,200／クオレ

10 上まぶたの粘膜を塗りつぶす

まぶたを持ち上げて、ピンクの粘膜部分を筆先を少しずつ小刻みに動かしながら塗りつぶします。

マスカラベースとは

マスカラをつける前の下地マスカラのことを言います。まつ毛1本1本がボリュームUPし、カールの持ちが断然よくなるので、雨の日や暑い日など、カールが崩れやすい日にオススメのアイテムです！

11 下まぶた目尻側にアウトサイドライン

ブラックのペンシルアイライナーで、目尻から黒目までまつ毛の生え際にラインを引きます。

12 下まぶた目頭側にインサイドライン

目頭から黒目に向かって、まつ毛の内側の粘膜部分にラインを引き、11で引いたラインとつなげます。

メイベリン アイスタジオ ペンシルアイライナー 01
¥800／メイベリン ニューヨーク

13 もう一度締め色をオン

目のキワに濃いグレーをもう一度重ね、アイラインをなじませます（Cを使用）。

14 上まぶた中央に丸いハイライトをオン

ベースカラーのシルバーをまぶたの中央に丸くのせます（Aを使用）。チップではなく指の腹を使って。

15 下まぶた目頭にハイライトをオン

チップを使い、目頭側1/4にベースカラーのシルバーを塗ります（Aを使用）。

オススメ ハイライト

アイカラー C WT1
¥800／エテュセ

16 上まぶたにつけまつ毛をオン

まつ毛にボリュームが足りなければ、つけまつ毛をつけます（基本の章参照）。

17 下まぶたにつけまつ毛をオン

下まつ毛もしっかりあると、目ヂカラが出るので、足りない場合はつけまつ毛をつけます（基本の章参照）。

エリコラッシュ　EEL-6 フェミニン　¥1,000／ビューティネイラー

アイラッシュ　UNDER 704　¥1,000／D.U.P

18 目尻のラインをはね上げる

目のキワにアイラインを引き、目尻を3mmほど上向きにはね上げる。

インジーニアス ジェルアイライナー 01　¥3,200／RMK Division

オススメ　上まぶた用つけまつ毛

アイラッシュバリューパック VP-2N（ナチュラルショート）　¥1,000／ビューティネイラー

オススメ　ブラックのジェルアイライナー

ペインティング ライナー M ブラック　¥2,600／シュウ ウエムラ

70

> 黒よりやさしいグレーで、
> かわいらしさを残した囲み目メイク。
> 目尻側に広がるアイシャドウでデカ目実現。
> つけまつ毛をプラスして、
> 目全体をボリュームアップさせれば
> 無敵です。

chapter 3

かわいい私を 120％楽しむ 色カタログ

いろんなカラーを楽しんで、
もっともっとかわいくなりたい！
でも、目がはれぼったく見えたり、
変に色が浮いたらどうしよう……。
そこで、提案するのが下まぶたのアイメイク。
この章では、二重さんより下まぶたのメイクが似合う、
一重・奥二重さんならではのテクニックを紹介！

下まぶたメイク

下まぶたに色をのせる場合、目元全体のバランスをよく見せるためのポイントはふたつ！ マスカラはたっぷり塗り、アイラインもしっかり描きましょう。

Pink

みんな大好き！
マカロンカラー

愛され
ガーリーフェイス

使った
アイテムはコレ

ジルスチュアート
ジュエルクリスタ
ル アイズN 04
¥5,000／ジルス
チュアート ビュー
ティ

メイベリン アイステュ
ディオ ペンシルアイラ
イナー 06 ¥800／メ
イベリン ニューヨーク

アナ スイ ネイル
カラー N（右）
322（左）305 各
¥1,400／アナス
イ コスメティックス

グローオン（レフィル）
M 375 ¥2,300／
シュウ ウエムラ
※ケース別売

ルージュ アンリ
ミテッド PK 315
¥3,000／シュウ
ウエムラ

膨張色は下まぶたにそっとしのばせて

ピンクのアイシャドウをチップにとり、下まぶたの目尻から2/3
までのせる。残りの1/3に白のハイライトカラーをのせ、抜け感
をアピール。さらにピンクのアイライナーを目尻1/3に重ねピン
クを際立たせる。上まぶたはナチュラルなブラウンのアイシャド
ウのみ。ブラシにとり、まぶた全体にふんわりとのせる。

ピンク系アイシャドウ
陰影をコントロールして自然なグラデ

| 色つき しっかり ★ ほんのり |
| パール感 あり ★ なし |

ソフトなピンクとショコラブラウンでガーリーに。エクセル ファイブレイヤーズシャドウ N FS02 ¥1,700／常盤薬品工業

| 色つき しっかり ★ ほんのり |
| パール感 あり ★ なし |

ふわっと甘いラブリーな組み合わせ。キャンメイク アイニュアンス No.29 ¥580／井田ラボラトリーズ

ピンクのペンシル
目のキワにくっきり入れてアピール

ラメやパールのニュアンスがお見事。ペンシルアイグリッター ピンク ¥1,000／エテュセ

ピンク系チーク
自然な血色感を与えて、ヘルシーに

頬に息づくような血色感を演出。メイベリン ピュアミネラル チーク 01 ¥1,500／メイベリン ニューヨーク

シアーベージュ×ピュアレッドの組み合わせ。ジルスチュアート ブラッシュ ブロッサム 03 ¥4,500／ジルスチュアート ビューティ

ピンクのリップ
肌なじみのいいキュートなピンク！

しっかり輝くグリッター配合。メイベリン ウォーターシャイニー ダイヤモンドダイヤ 303 ¥900／メイベリン ニューヨーク

Orange

ヘルシーカラーで目元にインパクト!
キュートな元気フェイス

使った
アイテムはコレ

インジーニアス パウダーアイズ N 10 ¥2,200 ／ RMK Division

ジルスチュアート リップジュエル 09 ¥2,800 ／ ジルスチュアート ビューティ

スモーキーアイズ 03 ¥2,000 ／ ブルジョワ

ネイルカラー EX CL-14 ¥1,500 ／ RMK Division

ブラッシュ パステル ジュ 16 ¥2,000 ／ ブルジョワ

下まぶたの目尻側 1/3 に丸くのせて

オレンジのアイシャドウをチップにとり、下まぶたの目尻から1/3に丸く入れる。目頭にはパール感のあるベージュのアイシャドウをオン。上まぶたにも同じベージュのアイシャドウをまぶた全体にふんわりのせて、透明感を引き出して。

オレンジ系アイシャドウ
パキッとした発色のいいオレンジ

| 色づき | しっかり ★ ほんのり |
| パール感 | あり ★ なし |

光に反射して輝きを与えるパールを配合。プレスド アイシャドウ（レフィル）P 822 ¥1,800／シュウ ウエムラ ※ケース別売

| 色づき | しっかり ★ ほんのり |
| パール感 | あり ★ なし |

見たままの色がするりと広がる。 アイカラー OR1 ¥800／エテュセ

| 色づき | しっかり ★ ほんのり |
| パール感 | あり ★ なし |

グラデにしても使える。キャンメイク アイニュアンス No.31 ¥580／井田ラボラトリーズ

ピンクベージュ系グロス
滑らかでぴったりフィット！

みずみずしいツヤが持続。アクアリップ カラット 002 ¥2,500／ケサランパサラン

ゆびわとしても使える!? アナ スイ ローズ リング ルージュ 700 ¥3,000／アナ スイ コスメティックス

ピンク系チーク
肌にふわっととけ込むナチュラルカラー

肌の内側から発光するようなツヤ肌に。チークカラー PK2 ¥1,600／エテュセ

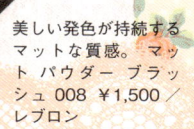

美しい発色が持続するマットな質感。マット パウダー ブラッシュ 008 ¥1,500／レブロン

Blue & Glay

陰影をつけて、
目元の立体感を高めて！

キリッと
モードフェイス

\\使った//
\\アイテムはコレ/

M·A·Cミネラライ
ズ アイシャドウ ×
4 スプリンクル オブ
ブルー ¥5,500／
M·A·C

ア マニキュア 121
¥1,800／ワトゥサ
インターナショナル

クリーム チーク
ベース 03 ¥4,200
／レ・メルヴェイユー
ズ ラデュレ

リップ ラッカー 04
¥3,200／レ・メル
ヴェイユーズ ラデュ
レ

少しずつ色をのせて、調整しよう！

薄いグレーのアイシャドウをチップにとり、アイホール全体に丸く塗る。目のキワに濃いブルーを重ねる。目を開けたときに少し色が見えるぐらいの幅がポイント。下まぶたは目尻側1/3に濃いブルーを丸くのせ、残り2/3にブルーと相性のいい白のハイライトカラーをのせてクリアな瞳に！

ブルー系アイシャドウ

にごりもくすみもない、鮮やかブルー

|色づきしっかり ★ ─── ほんのり|
|パール感あり ★ ─── なし|

光の角度によって輝きが変化！ マジョリカ マジョルカ ジュエリングアイズ BL381 ¥1,500／資生堂

|色づきしっかり ★ ─── ほんのり|
|パール感あり ★ ─── なし|

ツヤ感たっぷりの仕上り。ヴィセ リシェ グロッシーリッチアイズ BL-7 ¥1,200／コーセー

|色づきしっかり ★ ─── ほんのり|
|パール感 あり ─── ★ なし|

目元をキリッと際立たせるディープカラー。オンブル ポピエール N 06 ¥1,900／ブルジョワ

オレンジ系グロス

ぷっくりとしたグラマラスリップ！

ぷるんとした質感に感動。グロスリップス N H-05 ¥2,200／RMK Division

キュートな印象のピーチカラー。ポール＆ジョー グロッシーリップカラー 05 ¥2,800／ポール＆ジョー ボーテ

オレンジ系チーク

肌の透明感を引き出すオレンジ！

発色のよい明るいオレンジ。アナ スイ ローズ チーク カラー N 602 ¥3,500／アナ スイ コスメティックス ※ 2014 年 6 月 5 日より発売予定

ヘルシーな肌色に見せるブライドオレンジ。ポール＆ジョー クリーミー チーク パウダー 04 ¥2,800／ポール＆ジョー ボーテ

Purple

エレガントな
パープルで女性らしく♪

美人な大人フェイス

\使った/
\アイテムはコレ/

ジルスチュアート
ジュエルクリスタル
アイズ N 03
¥5,000／ジルス
チュアート ビュー
ティ

ネイルカラー EX
P-26 ¥1,500／
RMK Division

ポール & ジョー
チーク カラー 04
¥3,000（セット
価格）／ポール &
ジョー ボーテ

ポール & ジョー
リップスティック
301 ¥3,000／ポー
ル & ジョー ボーテ

下まぶた全体にのせて、色を強調！

パープルのアイシャドウをチップにとり、下まぶたの目尻から
目頭に向かって全体にのせる。はっきりと発色しているほう
が黒目が強調されるので、2度塗りすること。上まぶたは相
性のいいブラウンを。目元の立体感、陰影を引き出すために
軽くグラデーションにすると目ヂカラがさらにアップ。

パープル系アイシャドウ

ツヤと透明感がずっと続くパープル

| 色づき しっかり ★ ほんのり |
| パール感 あり ★ なし |

色んな使い方ができる！ ルナソル シアーコントラストアイズ 02 ¥5,000／カネボウ化粧品

| 色づき しっかり ★ ほんのり |
| パール感 あり ★ なし |

繊細な光がキレイなパール配合。インジーニアス パウダーアイズ N 12 ¥2,200／RMK Division

| 色づき しっかり ★ ほんのり |
| パール感 あり ★ なし |

パープルとピンクの組み合わせはてっぱん。コフレドール 3D グラデーションアイズ 04 ¥3,200（編集部調べ）／カネボウ化粧品

オレンジ系リップ

リップは控え目なヌーディカラーを

赤味を抑えたベージュカラー。ルナソル フル グラマーリップス 04 ¥3,000／カネボウ化粧品

たっぷりの潤いで透明感を引き出す。リップカラー N OR1 ¥2,000／エテュセ

ピンク系チーク

肌のくすみを和らげるピンク系！

偏光パールがキラキラと輝く。インジーニアス パウダーチークス N EX-01 ¥3,000／RMK Division

パール配合でシアーな仕上がり。パウダーブラッシュ スプリングシーン ¥3,000／M·A·C

Green & Khaki

デカ目に見える！
目ヂカラもUP！

カッコいい！クールフェイス

\使った/
アイテムはコレ

M・A・C パワーポイント アイ ペンシル フォーエバー グリーン ¥2,200／M・A・C

メイベリン ハイパーコスモ シャドウ GN-1 ¥1,000／メイベリン ニューヨーク

アナ スイ ネイル アート カラー N 470 ¥1,400／アナ スイ コスメティックス

フェイス カラー ローズ ラデュレ 02 ¥10,000（ポット込み）／レ・メルヴェイユーズ ラデュレ

チャビー スティック モイスチャライジング リップ カラー バーム 11 ¥2,000／クリニーク ラボラトリーズ

目尻側は2度塗りで強調

カーキのアイシャドウをチップにとり、アイホール全体に丸くのせる。目をぱっちりと印象的に見せるために、目尻側1/4にグリーンのペンシルでラインを重ねる。下まぶたは目尻から2/3に丸くカーキをのせて、残り1/3にはカーキと相性のいいゴールドをのせて。陰影のあるメリハリEYEにチェンジ！

グリーン系アイシャドウ
目ヂカラをググッと格上げ！

| 色づき しっかり ★ ——— ほんのり |
| パール感 あり ★ ——— なし |

完璧なグラデができる！ スモーキーアイズ 14 ¥2,000／ブルジョワ

| 色づき しっかり ——★— ほんのり |
| パール感 あり ★ ——— なし |

混ぜて使っても◎。 インジーニアス ナチュラルアイズ N 06 ¥6,000／RMK Division

| 色づき しっかり ★ ——— ほんのり |
| パール感 あり ★ ——— なし |

キラッと光る、大小パール配合。マジョリカ マジョルカ ジュエリングアイズ GR780 ¥1,500／資生堂

レッド系グロス
ボリューム＆ツヤを高めてふっくら唇

ぷっくりとした厚みのあるツヤ唇に。ケイト リップグロス S RD-1 ¥480／カネボウ化粧品

エナメルのようなツヤが持続。ティント イン ジェラート AT 01 ¥2,800／シュウ ウエムラ

ラインがとりやすいブラシ型のアプリケーター。エフェ スリーディ NN 06 ¥1,650／ブルジョワ

グリーンのペンシル
明るいグリーン カーキとの相性も◎

アイクレヨンとパウダーがひとつに。クレヨン＆パウダー アイズ 02 ¥4,000／RMK Division

光の角度によって輝きがチェンジ！ コントゥール クラビング ウォータープルーフ 50 ¥1,100／ブルジョワ

84

番外編①

その他の
メイクの基本

番外編①では、ファンデーション、
ハイライト、シェーディング、チーク、
リップの基本を紹介します。
アイメイクを引き立たせるための
小顔を意識したベースメイク。
仕上げにチークとリップで
色を加えれば、もう完璧。

● すべすべした陶器のようなツヤ肌

リキッドファンデーション

ファンデーションは肌をきれいに見せるだけじゃなく、小顔を作る目的も。
リキッドタイプのファンデーションを上手に仕上げるコツは、その塗り方にあり！
顔の中心から外へ、放射状にのばすイメージでつけていきます。
するとフェイスラインが薄づきになり、卵の表面のようにまぁるい立体感が生まれ小顔に。

ラスティング シルク UV ファンデーション SPI 20 4 ¥6,500／ジョルジオ アルマーニ コスメティックス

1 コントロールカラーでくすみをオフ

（左写真）▼部分を中心にし、コントロールカラーを薄く顔全体にのばします。
ピュアコントロールベイス EX イエロー 20g ¥2,800／イプサ 

2 ファンデーションは目の下から頬全体に

ファンデーションを目の下に数ヵ所のせ、スポンジで外へ向かってのばします。100円玉大で全顔分。

3 おでこ→鼻先、あごにつける

おでこを塗ったらそのまま鼻筋にそってスポンジをすべらせます。あごもフェイスラインに向かってのばします。

4 小鼻のまわりは念入りに

小鼻はスポンジでポンポンとたたき込むようにつけます。メイク崩れ防止に。

5 コンシーラーで目の下のクマをカバー

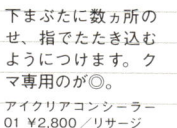

下まぶたに数ヵ所のせ、指でたたき込むようにつけます。クマ専用のが◎。
アイクリアコンシーラー 01 ¥2,800／リサージ 

6 シミを1つ1つ丁寧にカバー

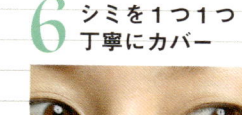

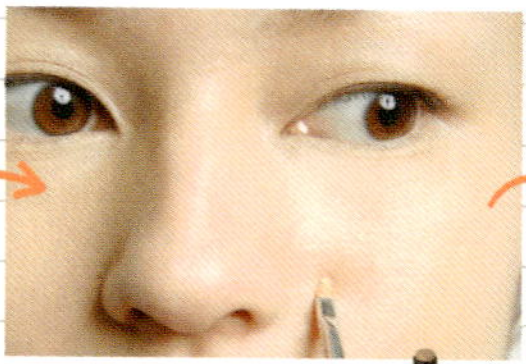

先の細いブラシを使って、シミにちょんちょんとのせたら、指でなじませます。
スリムフィットコンシーラー 01 ¥3,000／リサージ 

7 タッピングで余分な油分をオフ

きれいなスポンジで顔全体をポンポンと軽くたたきます。余分な油分が取れ、肌表面がフラットになり自然なツヤが生まれます。メイク崩れ防止効果も！

8 フェイスパウダーでテカリをおさえる

パフにパウダーをつけ、毛穴にフタをするイメージで顔全体にポンポンとつけます。テカリやすい鼻まわりは念入りに。
アナ スイ ルース フェイス パウダー 700 ¥5,000／アナ スイ コスメティックス 

パフにつけたパウダーは、顔につける前にティッシュの上でもみ込んで。余分な粉が取れて仕上がりがナチュラルに！

9 顔全体をフェイスブラシで磨く

顔の内側からフェイスラインに向かって、ブラシをすべらせ顔全体を磨きます。余分なパウダーが取れ、磨き上げた陶器のように、ツヤのある小顔の完成！

・マシュマロのようなふんわりウブ肌・

パウダリーファンデーション

パウダータイプのファンデーションは、少しずつ薄いベールを重ねるように
優しくつけると赤ちゃんのようなウブ肌に。
塗り方の基本はリキッドタイプと同じで、顔の中心から外へ向かってスポンジをすべらせます。
フェイスラインが薄づきになると、自然な凹凸が生まれ顔全体が小さく見えて小顔に。

モイスチュア シフォン 050 ¥5,000／アルビオン

1 化粧下地で肌感・色を調整

化粧下地は薄めに顔全体につける。パール1粒大で全顔分。
ポール ＆ ジョー プロテクティング ファンデーション プライマー 01 ¥3,500／ポール ＆ ジョー ボーテ

2 コンシーラーで目の下のクマをカバー

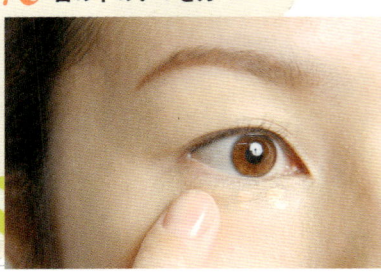

下まぶたに数ヵ所のせ、指でたたき込むようにつけます。クマ専用のが◎。
アイクリアコンシーラー 01 ¥2,800／リサージ

3 ファンデーションは目の下から頬全体に

目の下▼部分を中心とし、フェイスライン向かってスポンジをすべらせます。

4 おでこ、あごにつける

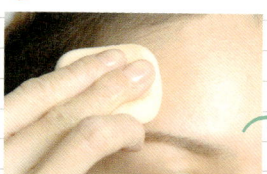

おでことあごも中心から外へ向かってつけます。一度につけるのではなく、少しずつ重ねるように。

5 鼻筋はさっとひと塗り

おでこから鼻先に向かって、鼻筋にそってスポンジをすべらせます。

6 小鼻のまわりは念入りに

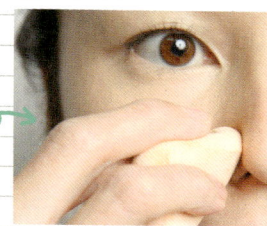

小鼻はスポンジで、ポンポンとたたき込むようにつけます。毛穴にフタをするイメージで。

7 もう一度、顔全体に軽くつける

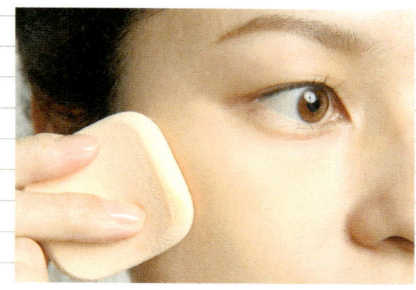

ファンデーションをほんの少し足し、スポンジを平らに持って顔全体を磨くように軽くなでます。肌表面がフラットになり、自然なツヤが生まれます。

8 温めた手で目の下をハンドプレス

目の下は動きが多く、時間とともにシワっぽくヨレやすい場所。手を数回こすり合わせ温めた手の平で、優しく押してファンデーションをなじませます。ふんわりウブ肌の完成！

• メイクの仕上げに"光"をプラス •

ハイライト

メイクの最後に、光で立体感と透明感を与えるのがハイライト。
ナチュラルにしたいならシャンパンゴールド、華やかにしたいなら薄いパールピンクがオススメ。
白っぽくなったり、光り過ぎると不自然なので、足りないかな？　と思うくらいがベスト。

K-パレット グランデコルテ 01 ¥1,800／クオレ

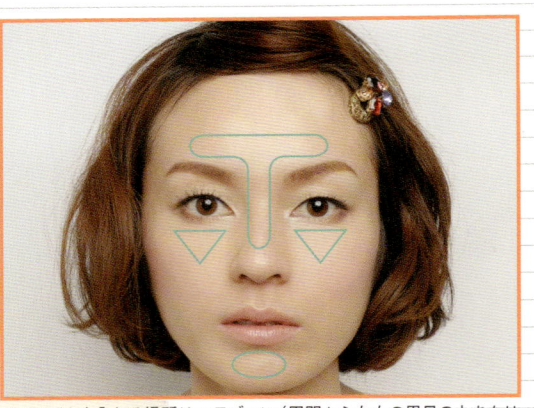

ハイライトを入れる場所は、Tゾーン（眉間から左右の黒目の上あたりまでと鼻筋）と▽ゾーン（目の下）とあご先。顔の中心に光が集まると、その部分が高く見え立体的な卵型フェイスが生まれます。

1 まずはTゾーンにオン

ブラシを少し立て、おでこから鼻筋にそって入れます。

2 目の下の▽部分にオン

目頭の下から矢印のように、2方向にさっと入れます。

3 最後にあご先にオン

あごの少し凹んだ部分に丸く入れます。これで"光"の完成。

● メイクの仕上げに"影"をプラス

シェーディング

濃いめのブラウンのパウダーで、顔の輪郭に"影"を作るのがシェーディング。フェイスラインのトーンが暗くなると、その部分が引き締まって見え小顔効果バツグン。自然な影を作るためにも、マットなブラウンを選びましょう。ブラシでふんわりと入れて。

キャンメイク シェーディングパウダー 03 ¥680／井田ラボラトリーズ

シェーディングは、おでこの髪の生え際部分と耳の下からあごのラインにかけて、フェイスラインすべてに入れます。ブラシにパウダーをつけたら軽く息を吹きかけ、余分な粉を飛ばしてからつけるとムラづきせず、自然な仕上がりになります。

1 耳の下→あご先、あご下→首方向へ入れる

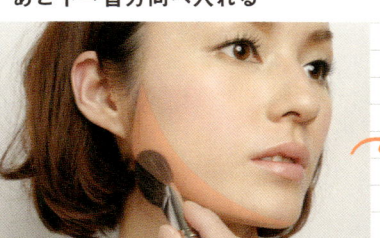

耳の下からあご先までさっと入れ、そのまま首方向へブラシをすべらせます。

2 髪の生え際にさっと入れる

前髪がある場合も、髪のすき間に自然な影ができて効果ありです。これで"影"の完成！

> ピュアフェイスを作る

チーク

顔にほんのり赤みをプラスすると、かわいらしく見えたり、
肌がふんわりやわらかに見えるほか、輪郭を修正して小顔に見せてくれる効果も。
ポイントとなる基本の入れ方をマスターしたら、輪郭別の応用編もチェックして！

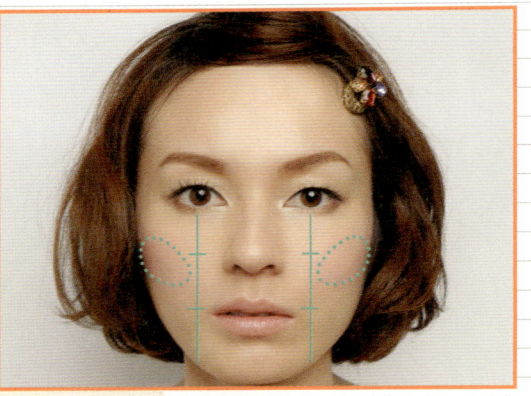

チークカラー PK6
¥1,600／エテュセ

黒目の下からあごまでの長さを3等分した、真ん中部分がチークを入れるスタート地点。これはどんな輪郭の人でも共通のものさしです。そこからやや上がり気味に楕円形を作るのが基本のチーク。

覚えておこう！ 輪郭別チークの入れ方

縦長さん
ブラシを平行に動かし、横長に
基本のスタート地点から斜め上に入れるのではなく、真横へ入れましょう。

丸顔さん
丸く入れるのはNG！
丸くチークを入れてしまうと丸顔が余計に強調されるので、少しシャープな楕円形にしましょう。

fuu！

頬につける前のひとワザ

チークの上でブラシを行ったり来たりさせ、ブラシの表裏にパウダーをしっかりつけます。ブラシに軽く息を吹きかけ余分な粉を飛ばしてから頬につけると、ムラづきせずにきれいに色がつきます。

1 黒目下の スタート地点から

スタート地点にブラシを置いたら耳横まで、ブラシを3回動かします。

2 今度は 外から内方向へ

1と逆向きにブラシを2回動かします。2方向から入れることで、立体的な仕上がりになります。

3 あご先にも さっとオン

最後にあご先にもふわっとのせます。この部分に色が加わると一段と顔色がよく見えます。

4 ほんのりと頬が上気した ピーチ肌の完成

Finish!

ぷっくり唇を作る

リップ

唇にぽってりと質感を持たせると、顔の中で存在感が増し顔にメリハリが生まれます。"口紅×グロス"の両使いで、ちょっぴりセクシーに。

グロッシー ルージュ 04 ¥2,500／レ・メルヴェイユーズ ラデュレ

グロスリップス N H-04 ¥2,200／RMK Division

1 リップクリームで唇をケア
保湿効果の高いリップクリームを下地代わりに塗ります。

2 綿棒を転がして皮を取る
口紅のなじみをよくするため、綿棒を左右にくるくる転がし、めくれている皮を取ります。

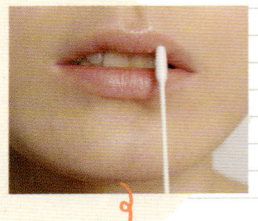

3 上唇の山から口紅をつけていく
リップブラシを使い、唇の山の輪郭を描いてから上唇全体を塗ります。

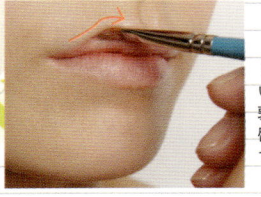

4 下唇も先にラインを描く
両端から唇の輪郭にそってラインを引き、中央で合わせます。そのあと下唇全体を塗りつぶします。

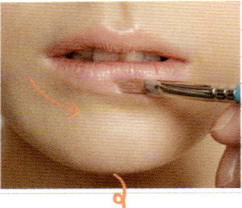

5 中央部分にだけグロスをオン
一番ぷっくりしている中央部分にだけグロスをつけ、凹凸を作ります。

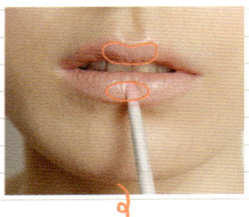

6 ツヤ感のあるぽってり唇が完成！

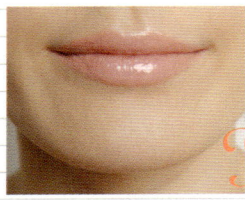

Finish!

番外編 ②

メイクの時間割

時間がないときの朝、
お直しが必要なお昼、夜遊び前の5時。
そんな朝昼夜に役立つのがこの「メイクの時間割」！
忙しい朝は時短メイクで乗り切って、
お昼はメイク崩れをリセット。
そしてお楽しみの夜のために、
アレンジメイクをマスターしよう。

10分で全てのメイクが完成！

朝の魔法の10min

朝に時間のない女の子にオススメ！
ピンチのときは"色"や"ラメ"を塗る手順は省いて、最低限のメイクだけ。
1つで何役もこなせるアイテムを使えば、時間もぐ〜んと縮まります。

1 スキンケアは1分 化粧水でお肌を整える

コットンに化粧水をしみ込ませ、やさしく拭くように顔全体にすべらせます。

2 BBクリームなら1本で一瞬にしてツヤ肌

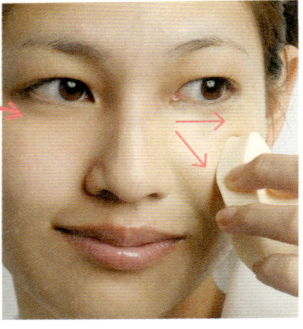

フォルミュール プロテクト BB クリーム マルチ ブロック 30g ¥2,500／ドクターフィル コスメティクス

チャスティ スーパーモイストホイップスポンジ 2 ¥420／シャンティ

ベースメイクがこれひとつで完結する「BBクリーム」を使用。目の下からスタートし、頬全体にのばします。

3 おでこ、鼻筋、あごもひと塗り

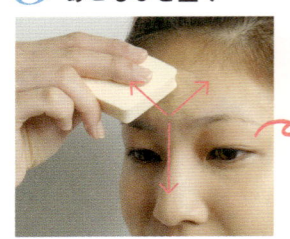

鼻筋はおでこを塗った流れで、そのまま鼻先に向かってスポンジをすべらせるときれいに塗れます。

4 小鼻のまわりは念入りに

毛穴が目立つ小鼻まわりは、たたき込むようにしっかりとつけます。

5 シミはくるくる塗りでカバー

4分経過

シミの気になる部分は、BBクリームを少量指にとって、くるくると塗りましょう。

6 アイシャドウは指塗りで時間短縮

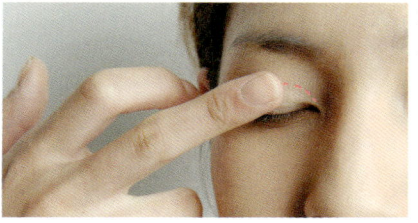

ケイト デュアルブレンド
アイズ BK-1 ¥1,300
／カネボウ化粧品

パール感のあるベージュやシャンパンゴールドを指でアイホール全体に塗ります（Aを使用）。

7 キワに入れる濃いアイシャドウはアイライン効果も

ブラウンのアイシャドウをまぶたのキワに塗ります（Bを使用）。時間のない朝はアイラインを引いていると時間がかかるので、濃いアイシャドウのみでOK。

8 下まぶたのメイクで目に奥行きを出す

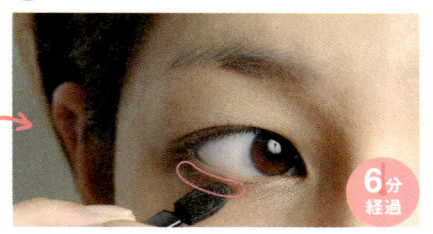

6分経過

下まぶたの目尻から黒目の下までブラウンのアイシャドウを塗ります（Bを使用）。アイラインを引かなくても、これで存在感のある目元に。

一重さんは太めにブラウンを入れましょう

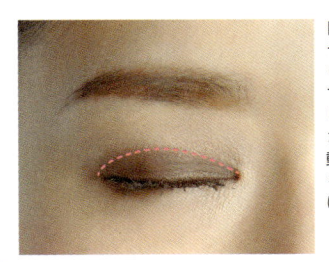

目を開けたときに、ブラウンが少し見えるくらいがつける幅の目安です。眼球にそって少し丸く入れるようにします。チップを左右に動かし数回まぶたの上を往復させるときれいにできます。

9 ひと塗りでボリュームまつ毛が手に入るマスカラをオン

ラッシュ パワー カーリング マスカラ ¥3,500／クリニーク ラボラトリーズ

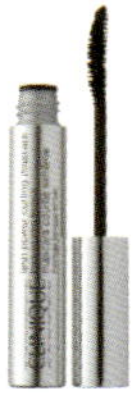

上下のまつ毛にマスカラを塗ります。ブラシ部分がもとからカーブになっているものは、いっぺんに塗れるので時短に。

10 最初にペンシルで眉尻を描き足す

眉山から眉尻の足りない部分をペンシルで描き足します。

11 眉頭はパウダーを使って色をのせる

ペンシルとパウダーが1本に！

8分経過

眉頭から眉山部分はパウダー部分を使用。濃いと不自然になるので、鏡で確認しながら色をのせます。

マキュアージュ ダブルブロークリエーター ペンシル BR611 パウダー BR611 各¥900（編集部調べ）／資生堂 ※ホルダー別売

12 一瞬でぱっと華やか、ミックスチークをオン

ミックスチークは最短で上級者仕上げに！

ジルスチュアート ミックス ブラッシュ コンパクト N 07 ¥4,500／ジルスチュアート ビューティ

4色のチークをブラシでクルクルとミックスし、にっこり笑って頬がぷっくりする部分に、さっと入れます。

13 グロス入りリップで ぷっくり唇

コフレドール エレガントジュエリールージュ
BE-216 ¥2,500（編集部調べ）／カネボウ化粧品

グロス入りリップなら、1本で簡単にぷっくり唇が作れます。

Finish!

最速10分でこんなにキレイになったよ！

一瞬でキレイが完全復活！
お昼の魔法の3min

ランチのあとたった3分でできるメイク直しをご紹介。
目元のお直しは便利アイテムを使って一瞬でもと通りに。
肌はお昼に一度リセットしておくと、キレイがずっと続きます。

目元のお直し

メイク直し用の綿棒でマスカラよごれをオフ

綿棒を縦に持って目元にあて、くるくると左右に動かしながらマスカラよごれを取ります。

便利アイテム

クレンジングとファンデーションがあらかじめついているアイデア品！

プチガーデン 目元リメイクアップスティック ¥300／カネボウ化粧品

アイシャドウのヨレは指で直して

ヨレている部分を指でぽんぽんとなじませます。色が薄くなっている場合はアイシャドウをつけ足して。

便利アイテム

まつ毛のカールがひと塗りで復活！

キャンメイク クイックラッシュカーラー ¥680／井田ラボラトリーズ

マスカラの上から重ね塗り！カール復活

下がってしまったまつ毛は、カールアップ専用マスカラを塗って復活させて。

お肌リセット

余分な油分はティッシュでオフ

Tゾーンなど余分な油分が出やすいところは、ティッシュでそっとおさえます。あぶら取り紙は、油分を取り過ぎ、肌を乾燥させ過剰な油分の分泌をまねくので×。

カサカサが気になる部分に乳液をなじませる

乳液をほんの少し指にとり、気になる部分に指でくるくると塗ります。

〈便利アイテム〉

持ち歩けるサイズあり！
エリクシール ホワイト クリアエマルジョンⅡ ジャーニーサイズ ¥950（編集部調べ）／資生堂

お直し部分にパウダーファンデを重ねる

乳液をつけた部分と小鼻のまわりに重ねます。

美容液ミストをシュー！

顔全体にひと吹きしたら、温めた手で頬や目の下を軽くハンドプレス。

20cm

〈便利アイテム〉

ボディにも髪にも使える
ワンダーハニー アロマエッセンスシャワー 全6種 ¥1,200／ベキュア

101

アフター5仕様にバージョンUP! キラキラ華やか魔法テク
アフター5の魔法の+α
アルファ

アフター5のキーワードは"キラキラ"。
照明の落ちたムードのあるところで
パッと輝き、視線独り占め。

Eye
キラキラシャドウを
オン!

まぶた中央に、指でラメ入りアイシャドウをぽんぽんとのせます。キラキラ度が高いパウダータイプがオススメ。

＼キラキラ／
＼アイテム☆／

シマリング カラー
ヴェール(上)18 (右)
06 (左)20 各
¥3,500／THREE

まずチークをつけ直し、その上からピンクの
ハイライトパウダーをふんわりとのせます。お
店の照明の下で、お肌が澄んだように輝くア
フター5に欠かせない美アイテム。

＼キラキラ／
＼アイテム☆／

Cheek
ピンクのハイライト
パウダーをオン!

(右) ジルスチュアート プレストパウダー N 03 ¥5,000
／ジルスチュアート ビューティ (中) グローオン (レフィル)
P 510 ¥2,300／シュウ ウエムラ ※ケース別売 (左)
エクセル シャイニーパウダー N SN01 ¥1,800／常盤
薬品工業

Lip
キラキラグロスを
オン！

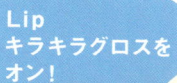

唇全体にキラキラたっぷりのグロスをつけ、さらに中央にだけ重ねづけします。格段にボリュームアップしたぷっくりセクシーな唇の完成。

（右）スージー カラーリップス パイス 08 ¥1,000／スージーニューヨーク（中）ジルスチュアート リップジュエル 08 ¥2,800／ジルスチュアート ビューティ（左）グロスリップス N SH-02 ¥2,200／RMK Division

キラキラ
アイテム☆

キラキラ輝く
お遊びメイクに
チェンジ！

103

美肌を作る
魔法のケア

美肌は毎日の状態を観察し、
肌と向き合うことで生まれます。
その日必要なケアも自然にわかってきます。

クレンジング

油分を取り過ぎないやさしい洗い上がり　クレンジングローション 200ml ¥4,600／ドクターベルツ

マスカラまでしっかり落ちて、モデルさんに大人気　ビオデルマ サンシビオ エイチツー オーD 250ml ¥2,800／ビオデルマジャポン

クレンジングは、"やさしくやさしく"が鉄則。
"洗い流すタイプ"と"拭きとるタイプ"がありますが、自分の好みと生活習慣に合わせて選んでOK。両タイプ共にこすり過ぎに注意。

洗顔

ふわふわの泡で、顔を包み込むように
手や洗顔ボールでメレンゲのような泡を作ってからやさしく洗います。頬に赤みがでる場合は摩擦が原因かも?!

(右) 見た目もキュート！　泡立てボール (2層式) ¥48／ファンケル (左) 泡立ちふわふわ気持ちいい！ モイスチュアフォーム 100g ¥2,500／ドクターベルツ

角質ケア

角質ケアと同時に美白効果もあり！　薬用ホワイトトリートメントSP 180g ¥4,000／ドクターベルツ

週1回のスペシャルケア
お風呂にゆっくりつかり、湿気で角質をやわらかくしてから、マッサージを行うと毛穴すっきり。

いつもの スキンケア

優れた保湿力でみずみずしい肌をキープ スキンローションN（ノーマルスキン用）150ml ¥3,500／ドクターベルツ

ほどよいしっとり感が気持ちいい！ フイル ナチュラント アルギンエイド ゲル n 100g ¥6,500／ドクターフィル コスメティクス

化粧水と美容液のみでOK。

洗顔後、化粧水を少し手のひらで温めてからつけるとお肌への浸透度UP！ 美容液は化粧水が肌にしみ込んだのを確認してからつけて。

肌の乾燥が気になる日のケア

粒子が細かく、浸透度バツグン！ アベンヌ ウオーター 300g ¥2,200（編集部調べ）／ピエール ファーブル ジャポン

アミノ酸注入で肌の水分量UP！ アミノシューティカル マスク 6枚入り ¥4,800／Jino

大切な日の前夜のスペシャルケア

30枚入りでたっぷりうれしい♪ ユノス コットンフェイスマスク 全顔用 30枚＋1枚／タイキ

パックで肌を再生

いつものスキンケアのあとに美容液パックで一気にうるおいチャージ。

目元の乾燥が気になるときに！ アクアソリューション マリンハイドロゲル アイパッチSP 単品 ¥350／ネイチャーリパブリック

"簡単コットンパック"

化粧水の前に、スキンケア用の水をたっぷりしみ込ませたコットンパックを顔全体にのせて約3分。そのあとはいつものスキンケアを。

唇ケア

甘いハチミツの香りがステキ！ ハニーメルティコンク 16g ¥3,500／ベキュア

唇パック

リップバームをたっぷりとつけ、キッチンラップをかぶせ約1分。ラップを取りティッシュで軽く拭き取ったら、綿棒を唇の上でクルクル転がします。

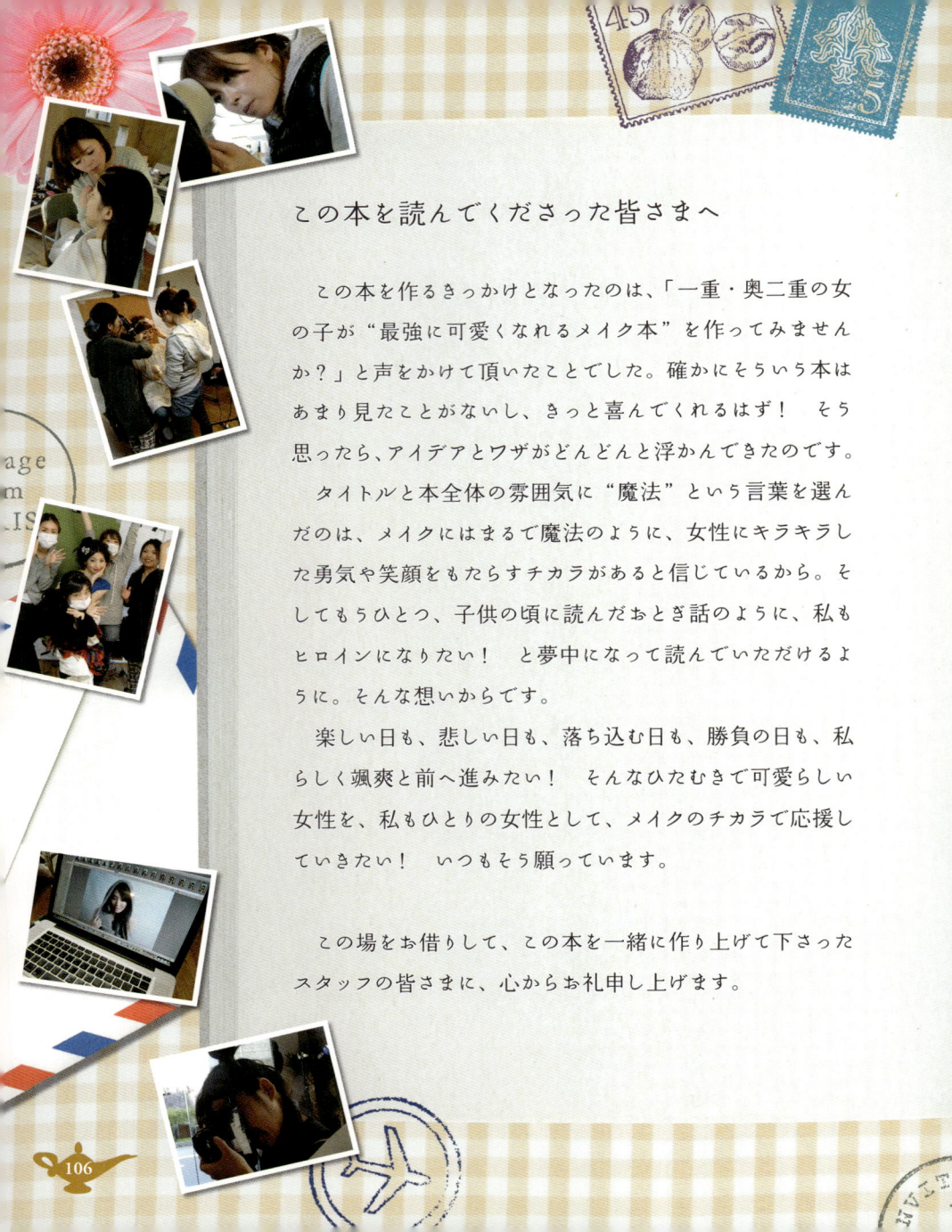

この本を読んでくださった皆さまへ

　この本を作るきっかけとなったのは、「一重・奥二重の女の子が"最強に可愛くなれるメイク本"を作ってみませんか？」と声をかけて頂いたことでした。確かにそういう本はあまり見たことがないし、きっと喜んでくれるはず！　そう思ったら、アイデアとワザがどんどんと浮かんできたのです。
　タイトルと本全体の雰囲気に"魔法"という言葉を選んだのは、メイクにはまるで魔法のように、女性にキラキラした勇気や笑顔をもたらすチカラがあると信じているから。そしてもうひとつ、子供の頃に読んだおとぎ話のように、私もヒロインになりたい！　と夢中になって読んでいただけるように。そんな想いからです。
　楽しい日も、悲しい日も、落ち込む日も、勝負の日も、私らしく颯爽と前へ進みたい！　そんなひたむきで可愛らしい女性を、私もひとりの女性として、メイクのチカラで応援していきたい！　いつもそう願っています。

　この場をお借りして、この本を一緒に作り上げて下さったスタッフの皆さまに、心からお礼申し上げます。

チーム一丸となってひとつのものを作り上げていく楽しさと感動、書籍として言葉で伝えることのできる喜びを改めて感じ、感謝の気持ちで胸がいっぱいです。

　いつも最高にカワイイ写真を撮って下さるカメラマンの岡積千可さん、抜群のセンスでモデルさんの可愛さを引き出して下さるスタイリストの木田智子さん、私の伝えたいことをキャッチーに的確に表現して下さる美容ライターの夏目円さん、この本を作るきっかけを下さり、わがままな私の希望を最大限に叶えてくださった編集者の小林容美さん、新関拓さん、本当にありがとうございました。

　そして、この本のイメージと"メイクをする女の子の気持ち"が伝わる、とっても可愛い表紙を描いて下さった、漫画家の上田美和さん。以前から作品を愛読しておりましたので、上田さんが引き受けて下さったと聞いた時は、嬉しくて嬉しくて・・・！本当にありがとうございました。

　そして最後に、この本を読んで下さったあなたに、心からお礼申し上げます！　この可愛くて甘い魔法の世界が、あなたをハッピーなヒロインにすることを願って。

ヘアメイクアップアーティスト
新見千晶

撮影協力 — cosmetic —

RMK Division
☎ 0120-988-271

アディクション ビューティ
☎ 0120-586-683

アナ スイ コスメティックス
☎ 0120-735-559

アルビオン
☎ 0120-114-225

アンファー
☎ 0120-866-866

伊勢半
☎ 03-3262-3123

井田ラボラトリーズ
☎ 03-3260-0671

イプサ
☎ 0120-523-543

エテュセ
☎ 0120-074-316

貝印
☎ 0120-016-410

カネボウ化粧品
☎ 0120-518-520

クオレ
☎ 0120-769-009

クリニーク ラボラトリーズ
☎ 03-5251-3541

ケサランパサラン
☎ 0120-187-178

コージー本舗
☎ 03-3842-0226

コーセー
☎ 0120-526-311

Jino
☎ 0120-787-727

資生堂
☎ 0120-81-4710

ジバンシィ
☎ 03-3264-3941

シャンティ
☎ 03-3513-8003

シュウ ウエムラ
☎ 03-6911-8560

ジョルジオ アルマーニ コスメティックス
☎ 03-6911-8411

ジルスチュアート ビューティ
☎ 0120-878-652

スージー ニューヨーク
☎ 03-3262-3454

SUQQE
☎ 0120-988-761

セザンヌ化粧品
☎ 03-3260-8515

THREE
☎ 0120-898-003

タイキ
☎ 03-5565-4853

ディー・アップ
☎ 03-3479-8031

常盤薬品工業
☎ 0120-081-937

ドクターフィル コスメティクス
☎ 0120-16-6051（フイルナチュラント）
☎ 0120-53-4051（フォルミュール）

ドクターベルツ
☎ 0120-315-215

ネイチャー リパブリック
☎ 0120-364-451

P.N.Y. DIVISION
☎ 0120-501-150

パナソニック
☎ 0120-878-365

ビー・エヌ
☎ 0277-45-3004

ピエール ファーブル ジャポン
☎ 0120-171-760

ビオデルマジャポン
☎ 0120-979-260

ピップ
☎ 06-6945-4427

ビューティーネイラー
☎ 0120-502-881

ファンケル
☎ 0120-35-2222

ブルジョワ
☎ 0120-791-017

ベキュア
☎ 0120-941-554

ヘレナ ルビンスタイン
☎ 03-6911-8287

ポール & ジョー ボーテ
☎ 0120-766-996

M・A・C
☎ 03-5251-3541

メイベリン ニューヨーク
☎ 03-6911-8585

リサージ
☎ 0120-417-134

レブロン
☎ 0120-803-117

レ・メルヴェイユーズ ラデュレ
☎ 0120-818-727

ロージーローザ
☎ 03-3235-5025

ワトゥサ・インターナショナル
☎ 03-5485-1665

撮影協力 — closes —

P3 ブラウス 参考商品(haco.) ネックレス(セント / モリプランニング) ピアス(ランバン コレクション / 栄光時計) 他私物

P4 ワンピース 参考商品(haco.)

P13 (一重) ボーダーTシャツ(エミリーテンプル キュート) ネックレス(ヴァンドーム青山 / ヴァンドーム青山 伊勢丹新宿店) カチューシャ私物 (奥二重) ネックレス(短)(長)(ともにヴァンドーム青山 / ヴァンドーム青山 伊勢丹新宿店) 他私物

P24 ワンピース(honky tonk/SOLD ASSOCIATION) ベレー帽(ルルーカ / ムーンバット) ネックレス(アクセサライズ / アクセサライズ 原宿店) ピアス(Lune/ 堀溝商店)

P30 肩にかけたストール(ルルーカ / ムーンバット) カチューシャ(QUIZAS / キサス) 3連パールネックレス(imac) レースグローブ私物

P44 キャミソール(コクーニスト) ヘアバンド(アフタヌーンティー・リビング)

P51 タンクトップ(パールネックレス付)(Lick Click/ ユナイテッドブルー) ストール(ラコランジェ / ムーンバット) ピアス(imac)

P60 ニットストール(Black mouton/VITA showroom) リング(上)(中上)(中下)(下)(すべてヴァンドーム青山 / ヴァンドーム青山 伊勢丹新宿店) ネックレス(ノートル / エフタイム)

P70 肩レースニット(ボナジョルナータ / ファイブフォックス カスタマーサービス) フープイヤリング(imac) ネックレス(radiu/ エフタイム) 帽子私物

P74 レースケープ 参考商品(haco.) ニットカチューシャ 参考商品(エミリーテンプル キュート)

P76 サロペット(エミリーテンプル キュート) ピアス(お世話や) リボン私物

P78 ベスト(Di/ スピンデザイン Di 事業部) ネックレス(短)(ノートル / エフタイム) ネックレス(長)(ecruefil/ ケティ) カチューシャ私物

P80 花柄サロペット 参考商品(haco.) ファー私物

P82 ブルーワンピース(cil) 帽子(お世話や) ※帽子に付けたブローチは私物 イヤリング(エテ) ネックレス(radiu/ エフタイム)

P99 白シャツ(Pao.de.lo/ ケティ) ピアス ネックレス(ともにヴァンドーム青山 / ヴァンドーム青山 伊勢丹新宿店) カチューシャ私物

P103 ストライプシャツ(ボナジョルナータ / ファイブフォックス カスタマーサービス) ピアス(ヴァンドーム青山 / ヴァンドーム青山 伊勢丹新宿店)

アフタヌーンティー・リビング
☎ 0800-300-3312

imac
☎ 03-3409-8271

ヴァンドーム青山 伊勢丹新宿店
☎ 03-3350-4314

VITA showroom
☎ 03-6416-1609

栄光時計
☎ 03-3835-2606

エミリーテンプル キュート
☎ 03-3404-7766

エテ 青山店
☎ 03-5468-7797

エフタイム
☎ 03-5786-2207

お世話や
☎ 03-5358-1448

キサス
☎ 03-3327-4095

ケティ
☎ 078-302-9555

コクーニスト
☎ 0800‐300-3312

Cil
☎ 03-3485-0282

スピンデザイン Di 事業部
☎ 03-5728-7227

SOLO ASSOCIATION
☎ 03-5772-2141

haco.(フェリシモ)
☎ 0120-055-820

堀溝商店
☎ 03-3843-3821

ファイブフォックス カスタマーサービス
☎ 0120-114-563

ムーンバット
☎ 03-3556-6810

モリプランニング
☎ 03-3835-1866

ユナイテッドブルー
☎ 03-5352-6684

表紙撮影協力 —Zakka—

AWABEES
☎ 03-5786-1600

EASE
☎ 03-5759-8267

オルネ ド フォイユ
☎ 03-3499-0140

新見千晶 chiaki niimi
ヘアメイクアップアーティスト

2003年よりBRAVOBRAVAにて
ヘアメイク活動を開始。
2007年4月より独立、
フリーランスとして活動を開始する。
現在、女性ファッション誌、美容誌、
広告、CM、ファッションショー等で活躍中。
また多くの女優やタレントのヘアメイクを担当している。
独自のメイク理論に基づくわかりやすい解説にも
定評があり、雑誌やwebでコラムなども
多数執筆している。
著書『朝5分ヒミツの美ワザ55』(主婦の友社)
『瞬間 変身メイクBOOK いつものメイクにトッピング!』(世界文化社)

オフィシャルホームページ
http://www.niimichiaki.com

一重・奥二重さんの魔法のメイクBOOK

2011年8月12日 初版発行 (2014年5月22日 一部改訂)
2015年7月31日 第6刷発行(累計3万部)

著者 新見千晶

撮影staff
- **モデル** 歩、EIHO、KEI、小柳芽衣、堀川幸恵
- **人物撮影** 岡積千可
- **商品撮影** 渡部毅之 千葉竜也 榊智朗
- **スタイリスト** 木田智子(NEUTRAL)
- **ヘア&メイクアシスタント** 髙木剛

デザイン 松本梢(スタジオ・ギブ)
装丁画 上田美和
イラスト 園田レナ
文 (chapter2,3) 夏目円
　(P4〜5) 川邊有佳里

special thanks
青木奈穂さん　青柳江美子さん　club C.の皆様
上山ゆりさん　曽根多恵さん　永富千晴さん
原田悠さん　村花杏子さん　森野友香子さん
and YOU!

発行者 鶴巻謙介
発行/発売 サンクチュアリ出版
〒151-0051
東京都渋谷区千駄ヶ谷2-38-1
TEL 03-5775-5192
FAX 03-5775-5193
URL: http://www.sanctuarybooks.jp/
E-mail: info@sanctuarybooks.jp

印刷・製本 中央精版印刷株式会社

※本書の無断複写・複製・転載を禁じます。
※掲載している商品情報は、2014年4月現在のものです。
※商品の価格表示は税抜です。
ⓒ Chiaki Niimi 2011
PRINTED IN JAPAN
定価およびISBNコードは
カバーに記載してあります。
落丁本・乱丁本は送料小社負担にて
お取り替えいたします。